D1725896

Diplomica Verlag

Sandra Lukatsch

**Corporate Social Responsibility
in der Supply Chain in China**

Eine Analyse zwischen Theorie und Praxis
der Computerunternehmen
Dell, Hewlett Packard und Acer

Lukatsch, Sandra: Corporate Social Responsibility in der Supply Chain in China.
Eine Analyse zwischen Theorie und Praxis der Computerunternehmen
Dell, Hewlett Packard und Acer, Hamburg, Diplomica Verlag GmbH

Umschlagsgestaltung: Diplomica Verlag GmbH, Hamburg
Umschlagsmotiv: © maconga - Fotolia.com

ISBN: 978-3-8366-9571-8

© Diplomica Verlag GmbH, Hamburg 2010

Bibliografische Information der Deutschen Nationalbibliothek:

Die Deutsche Nationalbibliothek verzeichnet diese Publikation
in der Deutschen Nationalbibliografie;
detaillierte bibliografische Daten sind im Internet über
http://dnb.d-nb.de abrufbar.

Die digitale Ausgabe (eBook-Ausgabe) dieses Titels trägt die
ISBN 978-3-8366-4571-3 und kann über den Handel oder
den Verlag bezogen werden.

Vorwort

Schaut man sich die Anfänge des Projektmanagements an, so wird von Historikern und Nostalgikern gleichermaßen gern auf die Architekturwunder längst ausgestorbener Hochkulturen verwiesen. Der Bau der Pyramiden der alten Ägypter, Azteken und Maya war sicherlich einer der ersten Ansätze erfolgreichen Projektmanagements, ohne dass die Betroffenen bereits das heutige Vokabular dafür nutzten.

Aus den Großprojekten der heutigen Zeit, insbesondere aus dem Kraftwerksbau und dem amerikanischen Luft- und Raumfahrtprogramm entwickelte sich dann eine Form des Projektmanagements, die leider nur auf sehr schmalen Füßen den Weg in die Unternehmen fand. Lange Zeit sah die weit verbreitete Praxis so aus, dass man mit der Benennung eines Projektleiters und der Bereitstellung einer EDV-basierten Terminplanung schon die organisatorischen und toolseitigen Ansprüche des Projektmanagements erfüllt glaubte. In kleineren Unternehmen, die keine ausgesprochene Projektorganisation haben, sondern Projekte noch immer in Reinkultur als eine „… einmalige, neuartige …" u.s.w. Aufgabenstellung ansehen, sind das teilweise noch heute die Hauptgestaltungsparameter der Projektarbeit.

Und dann passierten in kurzer zeitlicher Folge drei Dinge, die dem Projektmanagement eine weltweit sehr große und bis heute noch weiter steigende Bedeutung zukommen ließen. Wir wollen es

- Professionalisierung

- Parallelisierung und

- Internationalisierung

nennen.

Mit der Professionalisierung entstand in erster Linie der deutlich ausgebaute Methodenkanon, der sich heute hinter dem Projektmanagement verbirgt. Neben der Termin- und Ressourcenplanung einerseits und der Budgetplanung und -kontrolle andererseits sind Themen wie das Risikomanagement (inzwischen eigenständig normiert in der DIN 31.000), das Konfigurations- und Änderungsmanagement (insbesondere in Projekten der variantenreichen Produktentwicklung), das Requirements Management (als Fortsetzung des Wechselspiels von Lasten- und Pflichtenheft an der Schnittstelle zum Kunden) und viele andere Dinge entstanden. Die Deutsche Gesellschaft für Projektmanagement (GPM e.V.) hat bereits frühzeitig mit einem vierbändigen Standardwerk reagiert und die Professionalisierung des Projektmanagements auf über 2.500 Seiten strukturiert, systematisiert und dokumentiert.

Mit der Parallelisierung von Projekten entwickelten sich hingegen neue Disziplinen, die sich heute u. a. unter den Begriffen Multiprojektmanagement, Projektportfoliomanagement und Programmmanagement etabliert haben. Über die Vielzahl von Projekten ist nicht nur das Projektmanagement selbst, sondern auch die Projektorganisation erwachsen geworden. Viele

Unternehmens-, vor allem Entwicklungsbereiche sowie teilweise komplette Unternehmen haben inzwischen auf die Projektorganisation umgestellt. In kreativer Anwendung und Weiterentwicklung des (Geschäfts-)Prozessmanagements haben sich Projektprozesse entwickelt und als Prozesstemplates etabliert. Diese stehen inzwischen für die serielle wie auch parallele Wiederverwendung bei hoher Wiederholhäufigkeit bereit und beschleunigen die weitere Parallelisierung von Projekten zunehmend.

Der Internationalisierung des Projektmanagements, dem dritten identifizierten Langzeittrend, wollen wir diese Buchreihe widmen. „Internationale und interkulturelle Projekte erfolgreich umsetzen" ist eine Herausforderung der besonderen Art. Neben den beiden erstgenannten Aspekten der Parallelisierung und Professionalisierung des Projektmanagements – beides ist weitgehend rational beschreibbar, erlebbar und quantitativ bewertbar – nimmt die Internationalisierung eine Sonderstellung ein. Kunden oder Auftraggeber sitzen im Ausland, was in der exportstarken Nation Deutschland keine Besonderheit ist. Entwicklungs- und Produktionsstätten werden nach Asien oder Südosteuropa verlagert, was auf Grund des Lohngefälles auch nicht neu ist. Unternehmen, die den deutschen Markt in zunehmender Sättigung erleben (z.B. Lebensmitteldiscounter) gehen ebenso ins Ausland wie Untenehmen, deren Technologie einzigartig und weltführend ist (z.B. die Erneuerbaren Energien). Dazu kommen politische Entscheidungen der Gründung oder Förderung multinationaler Allianzen, wie wir es bei EADS erleben. Last but not least ändern sich die Rahmenbedingungen außerhalb Deutschlands auch stetig derart, dass grenzüberschreitende Zusammenarbeit eher erleichtert, statt erschwert wird (Marktwachstumspotentiale in Indien, zunehmende Öffnung von China, EU-Osterweiterung, Euro-Einführung, etc.).

Wenn Chancen und Potentiale erkannt sind, startet i. d. R. ein Projekt. Wenn sie (noch) nicht erkannt sind, startet ein Pilot- oder Evaluierungsprojekt. Und sobald der Projektstart eine internationale Komponente hat, verlängert sich sofort und signifikant die Liste der kritischen Erfolgsfaktoren. Ganz offensichtliche Aspekte wie das unpersönliche Zusammenarbeiten über große Entfernungen, die Sprachbarrieren, das entkoppelte Agieren in unterschiedlichen Zeitzonen und ergänzende, ggf. sogar widersprüchliche Gesetzesforderungen u. ä., sind dabei noch die geringsten Probleme. Zahlreiche schwerer zu identifizierende und dadurch auch deutlich schwerer zu lösende Herausforderungen ergeben sich aus wechselnden sozialen Strukturen und kulturellen Rahmenbedingungen.

Dem Pauschaltouristen mag die Bemerkung im Reiseführer genügen, dass „[…] der Asiate ständig wirkt, als würde er lächeln." Wer aber in eine internationale Projektgruppe integriert ist, vielleicht sogar umfassende Projektverantwortung trägt, dem stellt sich gleich eine ganze Reihe von Fragen bzgl. der Auswirkungen von Internationalität. Wo und wann brauchen wir mehr Zeit als in nationalen Projekten und wieviel genau mehr? Brauchen wir punktuell mehr Budget und wo können wir dies wieder einsparen? Wie machen sich erschwerte Kommunikationsbedingungen in der Projektplanung bemerkbar und wie kann aktiv steuernd darauf eingewirkt werden? Welche neuen, bisher nie erlebten Potentiale ergeben sich in einer internationalen, multikulturellen Projektumgebung?

Auf all diese Fragen gibt es leider noch nicht hinreichend viele gute, vor allem noch keine strukturierten oder gar quantifizierten Antworten. Aber es gibt bereits sehr viele wertvolle Erfahrungen. Genau diese möchten wir mit dieser Schriftenreihe zur Verfügung stellen. Wir möchten Studien und Projektberichte veröffentlichen, die helfen, aus den Fehlern und den Erfolgen anderer zu lernen. Ohne selbst den Stein der Weisen außerhalb der Grenzen Deutschlands gefunden zu haben, möchten wir Beispiele und Anregungen geben, wie Sie „Internationale und interkulturelle Projekte erfolgreich umsetzen" können. Deshalb haben wir diese Schriftenreihe so genannt.

Steffen Rietz
GPM-Fachgruppe für Projekt- und Prozessmanagement
Lehrstuhl für Technisches Projektmanagement an der FHW

Herausgeber:

Prof. Dr.-Ing. Steffen Rietz
Deutsche Gesellschaft für Projektmanagement (GPM) e.V.
mail to: projekt-prozessmanagement@gpm-ipma.de

c/o FHW, Fachhochschule Westküste
Fachgebiet Technisches Projektmanagement
Fritz-Thiedemann-Ring 20
25746 Heide /Holst.

Prof. Dr. Rietz ist seit über 15 Jahren in der permanenten methodischen Weiterentwicklung und praktischen Anwendung des Prozess- und Projektmanagements aktiv. Nach der Leitung einiger Forschungs- und industrienaher Beratungsprojekte für das produktionstechnisch orientierte Fraunhofer-Institut für Fabrikbetrieb und -automatisierung übernahm er die Leitung des Fertigungsbereiches eines innovativen mittelständischen Halbleiterherstellers.

Mit dem späteren Wechsel zu einem der großen deutschen, international tätigen Automobilzulieferer übernahm Steffen Rietz zentrale Verantwortung für Projektmanagementmethoden und Entwicklungsprozesse. Aus verschiedenen leitenden Positionen heraus verantwortete er die methodische Optimierung des Projekt- und Prozessmanagements im Entwicklungsbereich, gestaltete und automatisierte maßgeblich den Produktentstehungsprozess für hochkomplexe mechatronische Produkte. Das beinhaltete zunehmend auch dessen Implementierung in standortübergreifende Entwicklungsprojekte und an verschiedenen internationalen Entwicklungsstandorten.

Inzwischen hat Prof. Dr. Rietz den Lehrstuhl für Technisches Projektmanagement im Fachbereich Technik der FHW, Fachhochschule Westküste übernommen und ist Leiter der GPM-Fachgruppe für Projekt- und Prozessmanagement der Deutschen Gesellschaft für Projektmanagement e.V.

Schwerpunkt seiner heutigen Arbeit ist die Schnittstelle von Projekt- und (Geschäfts-) Prozessmanagement, deren Anwendung und Optimierung, vorwiegend im qualitätssichernden Umfeld der Produktentwicklung und nicht zuletzt die schrittweise Integration der durch die Globalisierung stark anwachsenden internationalen und interkulturellen Aspekte im Projekt- und Multiprojektmanagement.

Herr Rietz ist Mitinitiator des Awards für Projekt- und Prozessmanagement, seit 2006 regelmäßiges Mitglied in der Gutachterkommission des inzwischen im gesamten deutschsprachigen Raum etablierten Awards und arbeitet im Normenausschuss des DIN aktiv an der Neufassung der DIN-Norm zum Projektmanagement mit.

4

Autorin:

Sandra Lukatsch
Diplom-Kauffrau
mail to: Sandra.Lukatsch@gmx.de

Sandra Lukatsch wurde 1983 in Bayreuth geboren.

Das Diplomstudium der Betriebswirtschaftslehre nahm sie 2002 an der Martin-Luther Universität zu Halle Wittenberg auf und schloss dies im Jahre 2009 mit dem akademischen Grad der Diplom-Kauffrau erfolgreich an der Humboldt Universität zu Berlin ab.

Bereits während des Studiums entwickelte die Autorin ein besonderes Interesse an dem Thema „Corporate Social Responsibility", der sozialen und ökologischen Verantwortung von Unternehmen und sammelte umfassende praktische Erfahrungen in der Personalentwicklung bei einem großen Automobilkonzern in Córdoba in Argentinien.

Auch nach dem Studium verknüpfte sie ihr großes Interesse an diesem Thema mit ihrem Beruf und vertiefte ihre Qualifikationen durch eine Stelle im Umweltmanagement.
Heute ist Sandra Lukatsch in einem Verlag tätig, der Fachmagazine und Bücher zum Thema Nachhaltigkeit und Corporate Social Responsibility publiziert.

Abstract

Die Studie stellt ein Konzept dar, um Corporate Social Responsibility (CSR) Praktiken in globalen Supply Chains zu analysieren. Dazu werden theoretisch mögliche CSR Instrumente erarbeitet, welche als Kriterien für die empirische Analyse dienen, die später an konkreten Beispielunternehmen, den Computerherstellern Hewlett Packard, Dell und Acer erfolgt, um eine Bewertung ihrer CSR Politik vorzunehmen. Eine Fallstudie zeigt die Umsetzung festgelegter CSR Instrumente von drei Computerunternehmen, die eine führende Rolle in ihrer Supply Chain übernehmen. Die Analyse zieht einerseits externe Studien heran, die auf Interviews mit Management und ArbeiterInnen einiger chinesischer Zulieferfabriken der drei Unternehmen basieren, andererseits untersucht sie die CSR Politik anhand der CSR- und Jahresberichte der jeweiligen Unternehmenswebseiten. Die Untersuchung der CSR und Jahresberichte zeigt, dass die Unternehmen die vier herausgearbeiteten CSR Instrumente Standards, Codes of Conduct, Training und Multistakeholderdialog zum großen Teil anwenden. Die Betrachtung externer Studien zeigt aber auch, dass die Umsetzung dieser CSR Politik zu keiner signifikanten Verbesserung der Situation in den untersuchten Zulieferfabriken geführt hat. Da die Studie die CSR Praktiken von bestimmten Computerunternehmen in ihrer Supply Chain in China untersucht, können die Ergebnisse nicht ohne weiteres verallgemeinert bzw. auf andere Unternehmen übertragen werden. Was die Untersuchungen in den Fabriken betrifft, handelt es sich um Sekundärquellen, die von NGOs stammen, weshalb ein Mangel an Objektivität anzunehmen ist. Dementsprechend verhält es sich mit den Angaben der Unternehmen über ihre CSR Praktiken. Die CSR Umsetzungsformen der Unternehmen können zum Einen als Inspiration für andere Unternehmen verwendet werden; zum Anderen wird dem Leser deutlich gemacht, dass die von den Unternehmen kommunizierten CSR Maßnahmen nicht den angestrebten Erfolg bringen.

This paper presents a concept to analyse CSR practices in global supply chains. It seeks to develop theoretical CSR instruments, which are used for empirical analysis to demonstrate how special computer firms Hewlett Packard, Dell and Acer manage CSR practices at its suppliers. A case study illustrates the implementation and management of defined CSR instruments of three computer firms, which hold leading positions in their supply chains. The analysis is based on external studies, which are performed by personal interviews with management and employees of chinese suppliers and from annual and CSR reports presented on the firms' homepages. The analysis of the firms' reports illustrates that the companies have mostly adopted the defined CSR instruments including standards, codes of conduct, training, and multi-stakeholder dialogue. The analysis of the external studies shows that there are no significant improvements of the situation of the surveyed suppliers. The paper focuses on CSR practices of specific companies' supply chains in China for which reason a boundless generalization to other companies is not possible. Moreover, the external studies derive from NGOs and the reports derive from the companies' homepages. Therefore the resources from which the CSR practices have been studied are not objective. The CSR practices of the analyzed firms can be seen as inspiration for other companies. Additionally, the paper demonstrates that the CSR practices communicated by the firms do not yield the target success.

Inhaltsverzeichnis

Abkürzungsverzeichnis

AA	AccountAbility
Abb	Abbildung
APJ	Asien Pazifik-Japan
BDA	Bundesvereinigung der Deutschen Arbeitgeberverbände
BLIHR	Business Leaders Initiative on Human Rights
BPI	Business Process Improvements
BSCI	Business Social Compliance Initiative
BSR	Business for Social Responsibility
CAFOD	Catholic Agency for Overseas Development
CAS	Compliance Assurance System
CECP	China Energy Conservation Program
CEO	Chief Executive Officer
CEREAL	Center for Labour Reflection
CM	Contract Manufacturer
CNY	chinesischer Yuan
CoC	Code of Conduct
CO2	Kohlenstoffdioxid
CSCI	Climate Saver Computing Initiative
CSR	Corporate Social Responsibility
EICC	Electronic Industry Citizenship Coalition
EMEA	Europa, Mittlerer Osten & Afrika
EMS	Electronic Manufacturing Service
EPEAT	Electronic Product Environmental Assessment Tool
ERM	Environmental Recources Management
ETI	Etical Trading Initiative
EU	Europäische Union
FIAS	Foreign Investment Advisory Service
FISI	Focused Improvement Supplier Initiative
FLA	Fair Labour Association
FY	Fiscal Year

GeSI	Global eSustainability Initiative
GRI	Global Reporting Index
GSE	General Specification for the Environment
GC	Global Citizenship
HP	Hewlett Packard
HPFS	Hewlett Packard Financial Service
ICT	Information & Communication Technology
IDEMA	International Disk Drive Equipment and Materials Association
ILO	International Labor Organisation
Inc.	Incorporated
IOEW	Institut für ökologische Wirtschaftsforschung
IPG	Imaging and Printing Group
ISO	International Organization for Standardization
IT	Informationstechnologie
k.A.	Keine Angaben
Mio.	Millionen
M	Monat
MNU	Multinationales Unternehmen
NGO	Non-governmental Organisation
ODM	Original Design Manufacturer
OECD	Organisation for Economic Co-operation and Development
OEM	Original Equipment Manufacturer
OHSAS	Occupational Health and Safety Assessment Series
PC	Personal Computer
PDA	Personal Digital Assistant
PRD	Pearl River Delta
PSG	Personal Sytem Group
PWC	Price Waterhouse Coopers
Q	Quartal
QBR	Quarterly Business Reviews
QPA	Qualified Product Assurance Phase
RMB	Renminbi

RoHS	Restriction on Hazardous Substances
SA	Social Accountability
SAC	Stakeholder Advisory Council
SACOM	Students and Scholars Against Corporate Misbehavior
SAQ	Self-Assessment Questionnaire
SCLC	Supply Chain Leadership Collaboration
SCM	Supply Chain Management
SCoC	Supplier Codes of Conduct
SdoC	Supplier Declaration of Conformity
SER	Social and Environmental Responsibility
SOMO	Centre for Research on Multinational Corporations
Std.	Stunde
T	Tag
Tab	Tabelle
TBL	Triple Bottom Line
TCO	Swedish Confederation of Professional Employees
TOSHMS	Taiwan Occupational Safety and Health Management System
TSG	Technology Solution Group
UN	United Nation
UNESCAP	United Nations Economic and Social Commission for Asia and the Pacific
UNO	United Nations Organisation
WAC	Workers Assistance Center
WEED	Weltwirtschaft, Ökologie und Entwicklung
WWF	World Wildlife Fund

Tabellenverzeichnis

Abbildungsverzeichnis

1. Einleitung

1.1 Einführung und Zielsetzung

Bill Gates sagte einmal:

„I think it's fair to say that personal computers have become the most empowering tools we've ever created. They're tools of communication, they're tools of creativity, and they can be shaped by their user."[1]

So ist der Computer heutzutage kaum mehr aus dem Lebensalltag wegzudenken und wird zunehmend mit Hilfe des Internet zur weltweiten Kommunikation oder Informationsdarbietung verwendet. Der Computer steht zum Einen für die schnelle Kommunikation und globale Vernetzung, auf der anderen Seite ist er symbolisch für die Globalisierung. Die Elektronikindustrie, worunter die Produktion von Computern fällt, ist die größte und am schnellsten wachsende Industrie. Die Herstellung eines Computers umfasst im Gegensatz zu früher eine Vielzahl von Produktionsschritten, die über die ganze Welt verteilt sind. So beziehen große Computerunternehmen die Bauteile und Komponenten für den Computer von einem Netzwerk aus Zuliefererunternehmen, ihrer Supply Chain, aus Niedriglohnländern wie China, Taiwan und Mexiko und spezialisieren sich selbst auf das Design und die Entwicklung.

Neben der Globalisierung der Produktion und der damit auftauchenden Probleme, bleiben aber auch die großen Aufgabenstellungen der Zeit, wie die globale Erwärmung und die Endlichkeit von Ressourcen bestehen. Damit entsteht die Erfordernis für Unternehmen verantwortungsvoll zu handeln. Corporate Social Responsibility (CSR) steht für die gesellschaftliche Verantwortung von Unternehmen, die die Gesellschaft, Organisationen und Konsumenten zunehmend einfordern und sich mittlerweile zu einem sehr bekannten Geschäftskonzept entwickelt hat.

Anders als beispielsweise in der Textil- und Sportartikelindustrie, die durch die sogenannten „Sweatshops" in Entwicklungsländern in öffentliche Kritik geraten sind, schien die Elektronikindustrie bis vor wenigen Jahren als „sauber" zu gelten, da es nur wenig Informationen über ökologische und soziale Missstände in der Zulieferkette gab. Dies änderte sich 2004, als erste Kampagnen und Initiativen die Arbeitsbedingungen in den Zuliefererbetrieben offen legten und somit als „High-Tech Sweatshops" für öffentliche Empörung sorgten.

Aber was genau bedeutet gesellschaftliches Handeln für Unternehmen in der Zulieferkette? Wie kann CSR effizient umgesetzt werden? Handeln die Unternehmen so, wie sie es in ihren umfassenden Nachhaltigkeitsberichten darstellen?

---

[1] Kernaghan et al. (2009), S. 3.

Die vorliegende Studie soll diese Fragen beantworten. Dazu soll zunächst die Frage unter-sucht werden, mit welchen CSR Instrumenten eine Verbesserung der Situation in den Zulie-fererbetrieben in China bewirkt werden kann. In einer umfassenden Literaturrecherche wer-den die theoretisch möglichen Instrumente herausgearbeitet, die später als Kriterien für die empirische Analyse verwendet werden. Im Anschluss soll der Einsatz der CSR Instrumente in der Praxis überprüft werden. Dazu werden die tatsächlichen Umsetzungsformen von CSR in der Supply Chain der drei großen Computerhersteller Dell, HP und Acer vergleichend be-trachtet. Neben Informationen von den jeweiligen Unternehmenswebseiten, Jahres- und CSR Berichten werden Informationen von externen Studien herangezogen, um eine Bewertung der Umsetzung von CSR Maßnahmen in der Supply Chain vorzunehmen.

1.2 Aufbau der Studie

Im folgenden Kapitel werden zunächst die wichtigsten Begriffe Supply Chain und CSR sepa-rat voneinander erläutert und abgegrenzt, um dem Leser das nötige theoretische Wissen zu vermitteln. Daraufhin werden im dritten Kapitel die Begriffe miteinander verbunden. Bevor mögliche CSR Instrumente in der Supply Chain herausgearbeitet werden, werden die Beweg-gründe und Anreizbedingungen zur gesellschaftlichen Verantwortung im Detail dargestellt. Dazu gibt das Kapitel zunächst einen Einblick in die Situation der Computerindustrie, stellt das Land China als Produktionsstandort kurz vor und nennt veränderte Erwartungen aus dem Unternehmensumfeld als mögliche Anreizbedingungen für CSR. Daraufhin werden vier theo-retisch mögliche „best Practice" Instrumente vorgestellt, die für weitere Untersuchungen in der empirischen Analyse entwickelt werden. Die empirische Analyse erfolgt im vierten Kapi-tel und wird durch die Unternehmensprofile der Unternehmen Dell, Hewlett Packard und Acer eingeleitet. Daraufhin wird überprüft inwiefern die Unternehmen die herausgearbeiteten CSR Instrumente in der Praxis umsetzen. Die operative Untersuchung erfolgt mit Hilfe von internen Unternehmensinformationen und externen Studien, deren Ergebnisse in Kapitel 4.4 tabellarisch aufgezeigt werden. Das Fazit soll die Ergebnisse interpretieren, indem die Umset-zung der CSR Maßnahmen beurteilt wird und ein Ausblick gegeben wird.

2. Begriffsabgrenzung und Definitionen

2.1 Supply Chain

Die Begriffe Supply Chain / Supply Chain Management (SCM) haben in den letzten Jahren immer mehr an Bedeutung gewonnen. Durch die Globalisierung und der damit verbundenen Ausweitung der Beziehungen von Unternehmen (Auslagerung der Produktion, Ausdehnung von Lieferantenbeziehungen, etc.), steigende Erwartungen der Kunden, und die immer weiter voranschreitende technologische Entwicklung haben zur Verschärfung des Wettbewerbsdrucks geführt. Der Zustand auf den globalen Märkten hat zur Folge, dass nicht einzelne Unternehmen, sondern ganze Wertschöpfungsketten in Konkurrenz zueinander stehen, zum Anderen sind aber auch enge Kooperationen innerhalb einer Kette wichtig. Im Folgenden wird zunächst der Begriff der Supply Chain erklärt und daraufhin von der Wertkette nach Porter abgegrenzt. Bevor die Supply Chain auf den Bereich der Computerindustrie übertragen wird, erfolgt eine Darstellung des Supply Chain Managements.

2.1.1 Definition

Der Begriff Supply Chain lässt zunächst vermuten, dass es sich nur um eine Interaktion eines Unternehmens mit seinen Lieferanten handelt. Dennoch beinhaltet dieser Begriff als Oberbegriff zum Einen die Supply Chain als Zulieferkette, also die Interaktion mit Lieferanten und zum Anderen die Demand Chain, die Interaktion mit den Kunden.[2] In der Literatur gibt es eine Vielzahl von Übersetzungs- und Interpretationsmöglichkeiten des Begriffes wie beispielsweise Lieferkette, Versorgungskette, (unternehmensübergreifende) Wertschöpfungskette bzw. Wertschöpfungsnetzwerk. Die vorliegende Studie wählt die beiden letzten Definitionen als Grundlage, da sie breiter angelegt sind und nicht nur die einseitige Richtung zur Zulieferseite einschlagen. In der Praxis arbeiten die meisten Unternehmen mit mehreren Organisationen zusammen. Dadurch entsteht ein Netzwerk von mehreren Unternehmen, die alle daran beteiligt sind, ein Produkt herzustellen und es zum Endkunden zu transportieren bzw. die Nachfrage der Konsumenten zu befriedigen. Das Netzwerk wird durch ein fokales Unternehmen geleitet, häufig das Markenunternehmen, welches ein bestimmtes Produkt entwickelt oder eine Dienstleistung anbietet.[3] Es tritt nicht nur in Kontakt mit externen Teile- und Rohstofflieferanten und Transportunternehmen, sondern auch mit Warenhäusern, Einzel- und Zwischenhändlern und mit dem Kunden. Die Supply Chain reicht also vom Rohstofflieferanten (Source of Supply) bis hin zum Endkunden (Point of Consumption).[4] In Abbildung 1 ist die typische Netzwerkstruktur einer Supply Chain dargestellt.

---

2   Vgl. Busch / Dangelmaier (2004), S. 4.
3   Vgl. Seuring / Müller (2008), S. 169.
4   Vgl. Chopra / Meindel (2004), S. 4; vgl. dazu Werner (2008), S. 6.

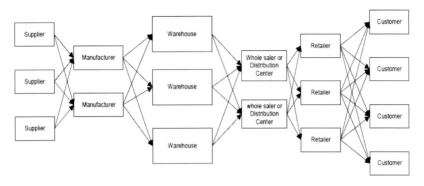

Abb.1: Eine typische Supply Chain[5]

Das Supply Chain-Netzwerk kann demzufolge mehrere Kunden- und Lieferantenbeziehungen umfassen und behandelt interne Prozesse (Aktivitäten innerhalb des Unternehmens) und externe Prozesse (integrierte oder unternehmensübergreifende Abläufe) zu Partnern auf Absatz- und Beschaffungsmärkten, wie in Abbildung 2 veranschaulicht wird.

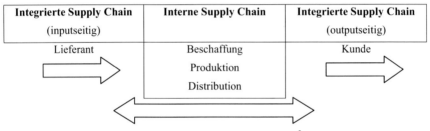

Integrierte Supply Chain (inputseitig)	Interne Supply Chain	Integrierte Supply Chain (outputseitig)
Lieferant	Beschaffung Produktion Distribution	Kunde

Abb. 2: Komponenten einer Supply Chain[6]

Der Konsument ist ein wichtiger Bestandteil der Supply Chain, da er einen Auftrag erteilt und dadurch den Absatz bestimmt. Gerade bei mehrstufigen Supply Chains entsteht der sogenannte Bullwhip Effekt (Peitscheneffekt). Dieser Effekt impliziert, dass durch kleine Nachfrageschwankungen auf der Konsumentenseite erhebliche Schwankungen auf der anderen Seite der Kette entstehen, die um ein Vielfaches größer sind, als die ursprünglichen Schwankungen.[7] Chopra und Meindel bezeichnen den Nachfrageeffekt auch als Pull Prozess. Diese Pull Prozesse werden durch Konsumenten ausgelöst (reaktiver Prozess), wohingegen Push Prozesse durch Erwartungen der Unternehmen an die Nachfrage, ausgelöst werden (spekulativer Prozess). Sie gewähren die Verfügbarkeit von Produkten zum Nachfragezeitpunkt.[8]

---

5   Chang (o. J), S. 25.
6   Werner, (2008), S. 7.
7   Vgl. Seuring (2001), S. 5.
8   Vgl. Chopra / Meindel (2004), S. 14 f.

2.1.2 Abgrenzung und Verknüpfung zu Porter's Value Chain

Bevor der Begriff des Supply Chain Managements näher erläutert wird, wird zunächst der Begriff der Supply Chain von der von Porter entwickelten Value Chain (Wertkette) abgegrenzt, bzw. die beiden Begriffe werden miteinander verbunden. Dieser Vorgang ist notwendig, da die beiden Begriffe in der Literatur häufig nicht differenziert werden oder gar in der deutschen Übersetzung synonym gebraucht werden (Wertkette und Wertschöpfungskette). Außerdem ist die Verknüpfung für weitere Untersuchungen sehr hilfreich, da Porter auch Corporate Social Responsibility (CSR) Maßnahmen entlang der Value Chain betrachtet. Professor Michael Porter führte das Konzept der Value Chain bereits 1985 ein. Es stellt für Unternehmen ein Werkzeug dar, um Wettbewerbsvorteile zu generieren. Nach Porter besitzt jedes Unternehmen eine Wertkette, welche in folgender Abbildung dargestellt wird.

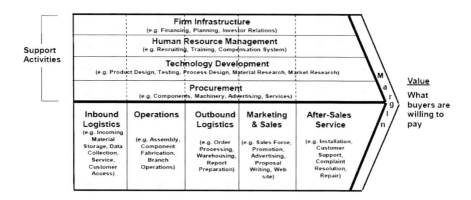

Abb. 3: Value Chain nach Porter[9]

Bei Porter's Value Chain handelt es sich zunächst um eine Wertkette innerhalb eines Unternehmens (intraorganisational). Der Fokus liegt also vorrangig auf innerbetrieblichen Kernaktivitäten aus denen Unternehmen traditionell den Nutzen (Value) ziehen.[10] Dieser Value wird dabei als „[...] the amount buyers are willing to pay for what a firm provides [...]"[11] definiert. Die Gewinnmarge bzw. der Kaufwert ist der Unterschied zwischen Gesamtwert und Kosten, die für alle notwendigen Unternehmenstätigkeiten aufgebracht werden. Porter unterscheidet zwischen primären und sekundären Tätigkeiten. Die primären Tätigkeiten sind Eingangslogistik, Produktion, Ausgangslogistik, Marketing & Verkauf und Kundenservice. Es sind die Kernkompetenzen eines Unternehmens, die einen erfolgreichen Verkauf des Produktes gewähren. Die sekundären Tätigkeiten, wie Unternehmensinfrastruktur, Human Resources, Technologien sowie Einkauf und Beschaffung sollen dabei die Haupttätigkeiten unterstützen. Porter geht davon aus, dass ein Unternehmen langfristig gegenüber seinen Konkurrenten er-

---

9 Porter / Kramer (2006) S. 5.
10 Vgl. McPhee / Wheeler (2006) S. 40.
11 o.V. (a), (1997), S. 7.

folgreich sein kann, wenn es einen dauerhaften Wettbewerbsvorteil durch Kostenvorteile und Differenzierung (hinsichtlich Qualität oder besonderer Merkmale) erzielt. Porter weitet das Wertkettenkonzept „[...] eines Unternehmens für den Wettbewerb in einer bestimmten Branche [...]"[12] auf ein Wertsystem aus, was die Tatsache berücksichtigt, dass ein einzelnes Unternehmen in eine Netzwerkstruktur eingebettet ist. Dies deutet auf mehrere Value Chains hin. Wie der folgenden Abbildung zu entnehmen ist, reicht das Wertsystem von den Zulieferern (Rohstoffe, Bauteile, Maschinen) bis zum Käufer, der die Waren für seine Zwecke einsetzt.

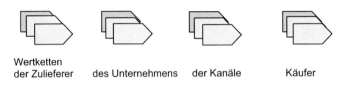

Wertketten
der Zulieferer   des Unternehmens   der Kanäle   Käufer

Abb. 4: Wertsystem[13]

Der Wettbewerbsvorteil ist davon abhängig, wie gut ein Unternehmen dieses System von Koordinierung der Aktivitäten innerhalb der Firma und unternehmensübergreifender wechselseitiger Abhängigkeiten beherrscht.

Bezieht man also den Trend der Globalisierung mit in die Betrachtung ein, kommt man zu dem Entschluss, dass der Kaufwert nicht nur durch interne Kernaktivitäten vergrößert werden kann, sondern auch über solche Aktivitäten, die externe Beziehungen auf der ganzen Welt einschließen und sich über das gesamte Netzwerk erstrecken. Wie bereits dargestellt wurde, erfolgt bei dem Begriff der Supply Chain gerade auch die Einbeziehung von internen Prozessen und unternehmensübergreifenden externen Netzwerkbeziehungen. Die Verknüpfung von Wertschöpfungsnetzwerk und Wertsystem von Porter wird in folgender Abbildung dargestellt.

---

12 Porter (1991), S. 64.
13 Porter (1991), S. 65.

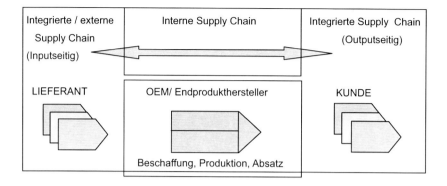

Abb. 5: Verknüpfung der Value Chain und Supply Chain[14]

In der Literatur werden die beiden Konzepte auch insofern voneinander abgegrenzt, dass die Supply Chain nicht nur die Versorgung mit Gütern, sondern auch die Entsorgung und das Recycling beinhaltet, wohingegen die Value Chain nur die stufenweise Wertsteigerung über alle Aktivitäten darstellt.[15] Wayne Mc Phee und David Wheeler gehen in ihrem Artikel „Making the Case for the added-value chain" so vor, dass sie die Wertkette des Endproduktherstellers um die primären Aktivitäten Supply Chain Management, Product Use (die Organisierung von Kundennetzwerken) und End of Primary Use, also das After-Use Management wie Rückerstattung und Recyclig erweitern. Die zusätzliche sekundäre Aktivität „externes Netzwerk" soll die Interaktion mit allen Anspruchsgruppen (anderen Firmen, Institutionen, Regierungen und Kundengruppen) darstellen. Der Wert der Added-Value Chain wird demnach nicht mehr lediglich durch finanzielle Aspekte generiert, sondern enthält nun auch immaterielles Kapital, wie z.B. Markenwert und Ansehen, Mitarbeiterführung und Kompetenzen in Kooperationen.[16] (siehe dazu Anlage 1). Ein Zusatz von Aktivitäten wie es hier erfolgt, ist nicht unbedingt notwendig, wenn man die Interdependenz mit vor- und nach gelagerten Netzwerken durch die Aktivitäten „Eingangs- und Ausgangslogistik" interpretiert. Die Organisation von Kundennetzwerken und Rückerstattung & Recycling kann dabei durch die primäre Aktivität „Kundenservice" interpretiert werden. Die zugefügte sekundäre Aktivität „externes Netzwerk" (Interaktion), wird im Rahmen dieser Studie durch Porter's sekundäre Aktivität „Unternehmensinfrastruktur" berücksichtigt.

Andrew Cox weist in seinem Artikel auf die Parallelität und Austauschbeziehung der beiden Ketten hin, indem er aufzeigt, dass die Value Chain den Ertragsfluss für jede Stufe der Supply Chain generiert. Der Ertragsfluss wird dabei durch den Endkonsumenten für Produkte und Dienstleistungen, die durch die Supply Chain erzeugt werden, geleistet (vgl. Anlage 2).[17]

---

14 Eigene Abbildung in Anlehnung an Werner (2008) S. 7; Porter (1991), S. 65.
15 Vgl. Werner (2008), S. 17.
16 Vgl. McPhee / Wheeler (2006), S. 40-42.
17 Vgl. Andrew Cox (1999), S. 173 f.

Auch dies zeigt den finanziellen Ertrag der Value Chain, der die Voraussetzung für ein Supply Chain Management bildet.

2.1.3 Supply Chain Management

Das Global Supply Chain Forum liefert diese Definition von Supply Chain Management:

„Supply Chain Management is the integration of key business processes from end user through original suppliers that provides products, services, and information that add value for customers and other stakeholder."[18]

Die Definition ist eher breit angelegt, wobei sie noch einmal die vereinfachte Netzwerkstruktur mit dem Material- und dem Informationsfluss der Supply Chain aufnimmt. Wichtig ist die Integration von Unternehmensaktivitäten innerhalb des Unternehmens und über die Unternehmensgrenzen hinaus.[19] Dies bezieht sich auf die Auswahl von und die unternehmensübergreifende Kommunikation mit Lieferanten, Warenhäusern und Einzelhändlern, sodass die Produkte in angemessener Menge und zum richtigen Zeitpunkt produziert werden können. Dabei sollen sowohl Kosten minimiert als auch der Konsumentenbedarf erfolgreich gedeckt werden.[20] Demnach sollen einzelne Prozesse in der Kette optimiert werden, wobei Qualität, Kosten und Zeit die Zielgrößen bilden. Im Gegensatz zur Logistik werden nicht nur Transport und Lagerung in die Planung einbezogen, sondern alle Prozesse, die entlang der Kette stattfinden. Das Supply Chain Management umfasst demnach

„[...] sowohl das Management von Material und Informationsflüssen entlang der gesamten Wertschöpfungskette, als auch das Management von Kooperationen, wobei alle Aktivitäten auf die Bedürfnisse der Endkunden ausgerichtet sind."[21]

Bei den Kooperationen kann es sich zum Einen um Beziehungen zu den Kunden als auch zu den Lieferanten handeln. In dieser Studie wird der Schwerpunkt auf die Kooperation und Zusammenarbeit mit den Lieferanten gerichtet. Dabei soll nicht außer Acht gelassen werden, dass das Output-Ziel (die optimale Befriedigung von Kundenbedürfnissen) eine hohe Lieferbereitschaft und geringe Lieferzeiten verlangt. Dennoch richtet sich das Hauptaugenmerk auf Auswirkungen des Input Ziels: also zum Einen die Minimierung der Ressourcen, die notwendig sind, um die Produkte zu erstellen (Minimierung der Gesamtkosten von Personal, Material und Beständen) und zum Anderen die Flexibilität, die notwendig ist, um kurzfristig auf Veränderungen der Nachfrageseite zu reagieren (Reduzierung des Bullwhip-Effekts). Es geht nicht nur lediglich um die Beschaffung von Material, sondern auch darum, dass Unternehmen durch die Gestaltung ihres Personal- und Beschaffungsmanagements mit ihren Zulieferern kooperieren und durch Kommunikation die Qualität in ihrer Beschaffungskette verbessern.

---

18 Lambert / Cooper (2000), S. 66.
19 Vgl. Lambert / Cooper (2000), S. 66.
20 Vgl. Chang (o. J), S. 24.
21 Seuring (2001), S. 1.

Bezogen auf das Wertsystem sollte die Herstellerfirma die Aktivitäten der Value Chain von beteiligten Unternehmen mitgestalten bzw. auf sie einwirken, Vorgänge kontrollieren und dabei Kundenanforderungen berücksichtigen. Dies ist nur durch ein hohes Maß an Transparenz, Kommunikation, Kontrolle und Regeln (Unternehmensinfrastruktur) durch den Markenhersteller möglich. Hinsichtlich der erweiterten Wertkette von Wayne Mc Phee und David Wheeler ist dies durch die hinzugefügte unterstützende Aktivität „externes Netzwerk" dargestellt. Es zeigt die Verbindung eines Unternehmens mit seinem externen Netzwerk, also die Kommunikation mit Kunden, Lieferanten, Verkäufern, Institutionen und anderen Stakeholdern.[22]

Besonders das Streben nach Gesamtkostenminimierung und Flexibilität birgt gewisse Probleme bei den Lieferanten, die deshalb besondere Aufmerksamkeit bei der Gestaltung der Beziehungen von Seiten der Markenunternehmen erfordern. Bevor dieses mit Hilfe von CSR Maßnahmen erläutert wird, wird im nächsten Abschnitt die typische Supply Chain der Computerindustrie vorgestellt.

2.1.4 Supply Chain in der Computerindustrie

Die Unternehmen der Computerindustrie stehen in einem intensiven Wettbewerb. Der Computermarkt lässt sich durch stark sinkende Preise, steigender Leistung und schnellen Technologiewandel charakterisieren. Weil die Konsumenten immer die Computer kaufen, die technisch auf dem neusten Stand sind, sind die Markenunternehmen einem hohen Konkurrenz- und Innovationsdruck ausgesetzt. Dieser Druck zwingt sie, in immer kürzeren Abständen neue Produkte auf den Markt zu bringen, was die Produktlebenszyklen immer kürzer werden lässt. Dadurch entsteht ein enormer Druck auf die Computerhersteller flexibel zu sein, um kurzfristig auf Veränderungen des Marktes zu reagieren, neueste Technologien schnell zu produzieren und dabei die Gesamtkosten zu minimieren („time to market and time to volume production"[23]). Aufgrund dieser Situation, versuchen Unternehmen Einsparungen in ihrer Supply Chain zu machen, um profitabel zu bleiben. Immer mehr große Computerunternehmen (Original Equipment Manufacturer, OEM) haben begonnen einige Herstellungsprozesse „outzusourcen", also auszugliedern. Das bedeutet, dass die Produktion von Computerteilen oder Komponenten und Dienstleistungen teilweise oder vollständig von externen Zuliefererbetrieben ausgeführt werden. Outsourcing bzw. Offshoring (die Auslagerung von arbeitsintensiven Prozessen ins Ausland) hat große Vorteile für multinationale Computerfirmen. Durch die Einsparung von Kapitalinvestitionen in der Produktion und die Einsparung von anderen Fixkosten können die Gesamtkosten gesenkt werden. Des Weiteren können Wertsteigerungen entstehen, wenn externe Unternehmen besondere Fähigkeiten und Fachkompetenzen besitzen (Spezialisierung).[24] Das Outsourcing in Entwicklungsländer senkt zudem die Lohnkosten und verteilt das Risiko. Hinzu kommt, dass Flexibilität gesteigert werden kann, da OEMs schneller auf die Marktnachfrage bzw. Nachfrageeinbrüche reagieren können, wenn

---

22 Vgl. McPhee / Wheeler (2006), S. 40.
23 ILO (2007), S. 49.
24 Vgl. Schipper / de Haan (2005), S. 24.

sie nicht als Eigentümer der Materialien oder durch Verträge mit den Angestellten an die Produktion gebunden sind. Außerdem erlaubt es die Umsiedlung der Produktion dorthin, wo Löhne niedriger sind. Weiterhin können sich „fabriklose" Markenunternehmen verstärkt auf Forschung & Entwicklung, Marketing und Design konzentrieren.[25] Die typische Zulieferkette von Computern ist in Abbildung 6 bildlich dargestellt.

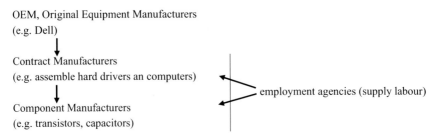

OEM, Original Equipment Manufacturers
(e.g. Dell)

Contract Manufacturers
(e.g. assemble hard drivers an computers)

Component Manufacturers
(e.g. transistors, capacitors)

employment agencies (supply labour)

Abb. 6: Personal Computer Produktionsprozess[26]

Große Computerhersteller (OEM) beziehen von Auftragsfertigern (Contract Manufacturers) hergestellte Einzelteile oder ganze Computer. Die Anbieter von elektronischen Produkten oder Komponenten werden in der Literatur häufig auch als Electronic Manufacturing Service-Provider (EMS) bezeichnet. Die Anbieter von Produktdesign und -entwicklung bezeichnet man als Original Design Manufacturer. Die Auftragsfertiger beziehen wiederum Komponenten und Bauteile von sogenannten Komponentenherstellern (Component Manufacturer). Die ArbeiterInnen der Auftragsfertiger und Komponentenhersteller sind oft nicht direkt, sondern über Leiharbeitsfirmen (Employment Agencies) angestellt. Dadurch, dass die Vielzahl der Auftragsfertiger und die Arbeitnehmer der Leiharbeitsfirmen im ständigen Wettbewerb um neueste Technologien, niedrigste Löhne, Produktpaletten, etc. stehen, sind sie ständig einem enormen Druck ausgesetzt.[27] Dieser Druck, der auf die Zulieferer und letztendlich auf die ArbeiterInnen ausgeübt wird, führt zu erheblichen Missständen in den ausgelagerten Betrieben, worauf im Verlauf der Studie noch intensiver eingegangen wird.

2.2 Corporate Social Responsibility (CSR)

Die Thematik der gesellschaftlichen Verantwortung wurde erstmals im Jahr 1950 in den USA aufgegriffen. Während anfangs die Verantwortung gegenüber den Anteilseignern (Shareholdern) im Mittelpunkt stand, rückten die Auswirkungen des Unternehmens auf die Gesellschaft immer mehr in den Mittelpunkt. Seitdem gab es viele begriffliche Wendungen für CSR, wie Corporate Social Responsiveness, Corporate Social Performance, Corporate Citizenship[28] und

---

25 Vgl. Völpel (2007), S. 9 f.; vgl. dazu Astill / Griffith (2004), S. 7f.
26 Astill / Griffith (2004), S. 10.; vgl. dazu Anlage 3.
27 Vgl. Ghausi (2002), S. 22.
28 Corporate Citizenship bezieht sich eher auf das unternehmensübergreifende Engagement zur Lösung sozialer Probleme im lokalen Umfeld (z.B. Spenden und Sponsoring).

Corporate Sustainability. Diese Begriffe basieren auf dem Leitbild einer nachhaltigen Entwicklung. Demzufolge ist eine Entwicklung nachhaltig, wenn „[...] die Bedürfnisse der Gegenwart befriedigt [werden], ohne zu riskieren, daß zukünftige Generationen ihre eigenen Bedürfnisse nicht befriedigen können."[29]

Unternehmen werden also aufgefordert, einen Beitrag zur gesamtgesellschaftlichen Nachhaltigkeit zu leisten. Um diese gesamtgesellschaftliche Ebene näher zu beleuchten, wird im Folgenden der Stakeholder-Ansatz dargestellt. Danach wird ausgehend von der europäischen Interpretation des CSR Begriffes, mit Hilfe der Triple Bottom Line (Drei Säulen Modell) der Begriff erläutert. Die dreigliedrige Sichtweise von CSR ist gut geeignet, da sie alle Ebenen einbezieht und repräsentativ für viele CSR Definitionen ist.

2.2.1 Stakeholder-Ansatz

Stakeholder sind alle Anspruchsgruppen oder Individuen eines Unternehmens, die in die Unternehmenstätigkeit miteinbezogen sind oder durch diese direkt oder indirekt betroffen sind. Stakeholder haben ein Interesse an der Unternehmenstätigkeit des Unternehmens und die Möglichkeit, diese zu beeinflussen.[30] Je nachdem, welche Erwartungen sie an das Unternehmen haben, lassen sie sich in bestimmte Gruppen zusammenfassen. Die Literatur bietet mehrere Möglichkeiten zur Aufteilung der Stakeholdergruppen. Oft wird zwischen primären und sekundären Stakeholdern unterschieden. Die primären Stakeholder sind dadurch gekennzeichnet, dass sie direkt (z. B durch bestimmte Rechte oder Verträge) an das Unternehmen gebunden sind. Dazu gehören zum Beispiel Mitarbeiter, Anteilseigner (Shareholder), Kunden und Zulieferer. Die sekundären Stakeholder bilden (Personen-)Gruppen aus dem Unternehmensumfeld, welche nicht direkt mit dem Produktionsprozess eines Unternehmens verbunden sind, wie z.B. Medien, Interessenvertretungen (z.B. NGOs - Non-governmental Organisations), Politik oder die Öffentlichkeit. Die Aufgabe eines Unternehmens ist, die unterschiedlichen Stakeholder und ihre Interessen zu kennen, sie möglichst zufrieden zu stellen und ihnen gegenüber Transparenz zu schaffen. Unternehmen sind dafür verantwortlich, dass sie Entscheidungen treffen, die in ethischer und sozialer Hinsicht akzeptabel für alle Stakeholder sind.[31] Weitere Ausführungen bezüglich der Stakeholdertheorie folgen in den Kapiteln 3.1.2 und 3.2.4.

---

29 Loew (2004), S.10.
30 Vgl. Gao / Zhang (2006), S. 724.
31 Vgl. Finkernagel (2007), S. 6 f.

2.2.2 Definition von CSR

„Die Corporate Social Responsibility ist ein Konzept, das den Unternehmen als Grundlage dient, auf freiwilliger Basis soziale Belange und Umweltbelange in ihre Unternehmenstätigkeit und in die Wechselbeziehungen mit den Stakeholdern zu integrieren."[32]

Dieses Konzept richtet sich nach der Triple Bottom Line (Drei-Säulen-Modell) oder den sogenannten Three Ps (People, Planet, Profit) und impliziert, dass die ökonomischen Aufgaben eines Unternehmens durch die ökologische und soziale Verantwortung ergänzt wird. Der Begriff Triple Bottom Line wird häufig auf John Elkington zurückgeführt, den Mitgründer von SustainAbility, einer Beratungsfirma für Nachhaltigkeit. Der Begriffsbestandteil „social" wird im Sinne von „gesellschaftlich" übersetzt, da er soziale und ökologische Bestandteile enthält. Erfüllt ein Unternehmen alle drei Verantwortungsbereiche, wird es klare Vorteile erzielen können. Wenn ein Unternehmen Menschenrechte und die Umwelt respektiert, dann wird es auch von Seiten der Stakeholder anerkannt werden (License to Operate).[33] Der dabei angestrebte gute Ruf und das Markenimage des Unternehmens ist ein wichtiger Bestandteil, da er Profit generiert.

„Wenn die Interessen der Anspruchsgruppen ernst genommen und nicht unterschätzt werden, kann aktives Stakeholder-Management ein entscheidender Wettbewerbsvorteil sein."[34]

Die Ansätze, die sich für die drei Dimensionen/Säulen ergeben, sind folgende: die Soziale Säule (People) strebt vor allem den Schutz der Arbeitnehmerrechte an. Sie beinhaltet die Beseitigung von Sklaverei, Kinderarbeit und Diskriminierung, Vereinigungsfreiheit, Kündigungsschutz, die Gleichstellung von Mann und Frau, Chancengleichheit, Entlohnung/Anreizsysteme, menschenwürdige Arbeitszeiten, Ausbau der Gesundheitssysteme, Gewährung von Sicherheit am Arbeitsplatz, Recht auf Aus- und Weiterbildung und das Recht der Meinungsfreiheit. Bei der Übernahme von sozialer Verantwortung im Umfeld können Spenden, kulturelles Engagement, Einsatz gegen Korruption und für Menschenrechte, Beitrag zu Politik, fairer Handel und Verbraucherschutz CSR Aktivitäten darstellen. Die Ökologische Säule (Planet) fördert umweltschonende Produktionsverfahren, Energiemanagement und Klimaschutz, Minimierung des Ausstosses von Schadstoffen in die Luft, Rohstoff- und Materialeinsatz, Abfall- und Wassermanagement, Verringerung der Freisetzung von Chemikalien, Kraftstoffen, Ölen und schließlich der Einsatz für Naturschutz und Artenvielfalt im unternehmerischen Umfeld.[35] Die ökonomische Dimension (Profit) zielt auf langfristige Erträge, finanziellen Profit, Wirtschaftswachstum, globale wirtschaftliche Einflüsse durch Outsourcing, Kenntnisstand, Innovationen und soziale Investitionen in Arbeitnehmer und Konsumenten, Regulierungen, Spenden ab.[36] Wichtig ist, dass das Unternehmen den Zusammenhang zwischen gesellschaftlicher Verantwortung und unternehmerischer Leistung nutzt. Denn nur wenn ein Unternehmen rentabel arbeitet, kann es auch Verantwortung übernehmen und da-

---

32 Kommission der europäischen Gemeinschaften (2001), S.7.
33 Vgl. Oury (2007), S. 23.
34 Finkernagel (2007), S. 7.
35 Vgl. Loew (2004), S. 83, vgl. dazu IOEW (2007), S. 111-120.
36 Vgl. Oury (2007), S. 7 f.

durch der Gesellschaft einen Wohlfahrtszuwachs generieren (sogenannte Win-Win Situation zwischen gesellschaftlichem und Unternehmensinteresse). Porter hat eine Strategie entwickelt, wie ein Unternehmen dies, also die Balance zwischen gesellschaftlichem Wohl und ökonomischen Vorteil, erreichen kann. Nach Porter bestehen zwischen Unternehmen und dem gesellschaftlichen Umfeld Abhängigkeiten. Diese sogenannten Inside-Out Linkages machen deutlich, dass die Unternehmensaktivitäten entlang der Wertschöpfungskette das Umfeld sowohl positiv als auch negativ beeinflussen.[37] In Abbildung 7 ist die Wertkette von Porter abgebildet, sie zeigt, wo Möglichkeiten bestehen, um CSR Praktiken anzusetzen.

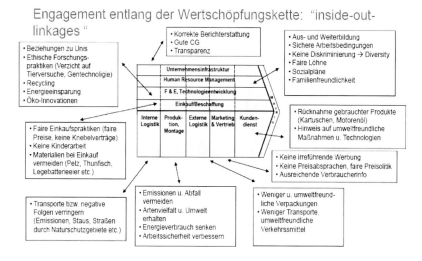

Abb. 7: Looking Inside Out: Mapping the Social Impact of the Value Chain[38]

---

37 Vgl. Finkernagel (2007) S. 23; vgl. dazu Porter und Kramer (2006), S. 5.
38 Finkernagel (2007) S. 27; Porter / Kramer (2006), S. 5.

3. CSR in der Supply Chain

3.1 Beweggründe für gesellschaftliche Verantwortung

Dieses Kapitel beschäftigt sich mit der Frage der Notwendigkeit und der Motivation von CSR. Dazu wird zunächst die Situation der Computerindustrie und die Situation in China als Produktionsstandort dargestellt, um dem Leser deutlich zu machen, warum die Integration von CSR Praktiken in den Managementprozess so wichtig ist. Danach werden die Anreizbedingungen vorgestellt, die für die Durchführung von CSR notwendig sind, dass gesellschaftliche Verantwortung von Seiten der Unternehmen auch tatsächlich getragen wird.

3.1.1 Notwendigkeit für CSR

Die Computerindustrie ist ein komplexes und globales Netzwerk, in dem Rohstoffe, Komponenten und fertige Geräte weite Wege hinter sich bringen, da die Herstellung von Computern eine Vielzahl von Produktionsschritten in Fabriken, die über die ganze Welt verteilt sind, umfasst. Während die Rohstoffe meist in Minen im südlich-zentralen Afrika und Lateinamerika bezogen werden, erfolgt die Produktion eher in Sonderwirtschaftszonen in Ost- und Südasien. In der globalisierten Produktion kaufen große Computermarken je nach Bedarf nötige Bestandteile, Laufwerke, Festplatten und Chips von verschiedenen Zuliefererfirmen in China, Taiwan, Thailand oder auf den Philippinen, wovon jede wiederum die benötigten Bauteile von verschiedenen Sub- und Subsublieferanten weltweit bezieht.[39] Besonders seit der ökonomischen Krise in der Computerindustrie 2001 befindet sich die Produktion fast ausschliesslich in südostasiatischen Ländern, vor allem aber in China, da die Länder neben Niedriglöhnen sich auch durch Standortvorteile in Form von niedrigen Umwelt- und Arbeitsstandards auszeichnen.[40]

Situation in der Computerindustrie
Die großen Computerunternehmen stehen in einem schwierigen Wettbewerbsumfeld, da Preise für Computer stark gesunken sind und der Markt durch schnellen Technologiewandel und verkürzte Produktlebenszyklen gekennzeichnet ist. Um Kosten zu sparen lagern sie ihre Produktion zu Kontraktfertigern in Niedriglohnländer aus und drängen sie, zu möglichst niedrigen Preisen zu produzieren. Die Kontraktfertiger wiederum übertragen diesen Preisdruck auf die Komponentenhersteller und somit letztendlich auf die Arbeitskräfte. Die Computerhersteller müssen kurzfristig auf Nachfrageänderungen reagieren und den bereits angesprochenen Bullwhip Effekt reduzieren. Dieser Druck wirkt sich auf die gesamte Supply Chain aus. Das Bestreben, zu hoher Qualität zu produzieren, um den hohen Kundenanforderungen gerecht zu

---

39 Vgl. Theodor (2008), S. 4.
40 Vgl. Kusch (o. J.), S. 1.

werden, höhere Profite zu erzielen und gleichzeitig so günstig wie möglich zu produzieren, schlägt sich am Ende auf die Arbeitnehmerrechte nieder.[41] Laut einiger Studien von WEED und CAFOD[42] sind bezüglich der sozialen Säule die Arbeitsbedingungen in der Computerindustrie sehr schlecht. Der größte Teil der Produktionsprozesse von Computern wird in Entwicklungsländer ausgelagert und dort durch unausgebildete, niedrig entlohnte ArbeiterInnen (meist Frauen) ausgeführt. Immer wieder hört man von Diskriminierungen und menschenunwürdigen Praktiken von Seiten der bereits genannten Employment Agencies, welche ArbeiterInnen für die Kontraktfertiger anstellen. Angestellte leben in ständiger Angst, ihren Job zu verlieren, da sie nur Kurzarbeitsverträge geschlossen haben. Aufgrund dieser Kurzverträge müssen die Agenturen zudem bei Schwangerschaft der Arbeiterinnen kein Mutterschaftsgeld zahlen. Außerdem liegt der Arbeitslohn meist unter dem gesetzlich festgelegten Mindestlohn, wobei Überstunden in der Hauptsaison gängig sind und kaum extra bezahlt werden. In vielen Produktionsstätten gibt es keine Abteilung, die für die Gesundheit oder Sicherheit am Arbeitsplatz sorgt. Grund für die schlechten Arbeitsbedingungen sind auch fehlende Gewerkschaftsverbände, da beispielsweise das Recht auf Vereinigung in China nicht gewährt wird. Darüber hinaus kommt es kaum vor, dass die ArbeiterInnen in irgendeiner Form an Entscheidungsprozessen teilnehmen, da sie zum großen Teil ihre Rechte gar nicht kennen. Aus ökologischer Sicht betrachtet ist es oftmals so, dass die ArbeiterInnen unter gefährlichen Bedingungen arbeiten, da sie Chemikalien, Rauch von Lötarbeiten, Metallstaub oder Lärm schutzlos ausgesetzt sind.[43] Laut einer UN Studie werden bei der Herstellung eines Computers ca. 240kg fossiler Brennstoffe, 1500 Liter Wasser und 22kg an chemischen Produkten verbraucht. Bei der Produktion kommt es zu einer erhöhten Belastung von Wasser und Boden mit Metallen und hoch giftigen Stoffen. Neben der ökologischen Belastung durch die Computerproduktion ist das Elektroschrottproblem und die damit verbundene Entsorgung der gefährlichen Inhaltstoffe ebenso gravierend, da Geräte immer schneller ersetzt werden.[44] An dieser Stelle ist zu beachten, dass sich das bereits erwähnte Recyclingproblem nicht direkt auf die Herstellung und demnach nur mittelbar auf die Supply Chain bezieht. Die Forderung, dass keine umweltbelastenden Stoffe in die Produktion eingesetzt werden sollen, bezieht sich dabei unmittelbar auf den Herstellungsprozess.[45]

China als Produktionsstandort

Wenn man sich mit der Computerindustrie beschäftigt, ist eine Betrachtung Chinas unbedingt notwendig, da es mittlerweile zum größten Produzenten von Produkten der Informationstechnologie (Notebooks, PCs, und Computerkomponenten) aufgestiegen ist. Allein im Jahre 1994 wurden 2,04 Mio. PCs, 4,09 Mio. Monitore, 500.000 Festplattenlaufwerke, 2,5 Mio. Diskettenlaufwerke und 6,05 Mio. Motherboards in China hergestellt. Seit der Einführung der Industriezone Pearl River Delta (PRD) im Jahre 1991, konnte ein jährliches Durchschnittswachstum der High-Tech Industrie von über 40% verbucht werden.[46] Diese Entwicklung ist

---

41 Vgl. Astill / Griffith (2004), S. 5-10.
42 World Economy, Ecology and Development; Catholic Agency for Overseas Development
43 Vgl. Astill / Griffith S. 31 f.; vgl. dazu Peyer / Füri (2007), S. 8-13.
44 Vgl. Butollo et al. (2009), S. 11.
45 Vgl. Loew (2005), S. 29.
46 Vgl. http://info.hktdc.com/mktprof/china/prd.htm, Stand: 13.07.2009.

vor allem auf die Ausweitung globaler Supply Chains durch multinationale Unternehmen (MNU) zurückzuführen. Die PRD Zone hat mittlerweile 340 von den 500 weltbesten MNUs angezogen. Der größte Teil der chinesischen IT-Exporte sind auf Kontraktfertiger aus Taiwan oder USA zurückzuführen, die die ausgelagerte Produktion für große Markenhersteller übernehmen. Ein Beispiel ist der taiwanische Kontraktfertiger Foxconn (Zuliefer von Dell und HP), der rund 200.000 ArbeiterInnen im Industriepark 'Foxconn-City' im südchinesischen Longhua in Shenzhen beschäftigt. Dort liegt der Frauenanteil bei mindestens 80%, wovon der Großteil Wanderarbeiterinnen aus den ländlichen Regionen sind, die zu niedrigen Löhnen arbeiten (sogenannte Dagongmei).[47] Foxconn war 2003 nach Flextronics (HP) und Solectron (HP) der drittgrößte Anbieter von Electronic Manufacturing Service (EMS) in der Elektrobranche. Im Jahre 2007 übernahm Flextronic, mit Firmensitz in Singapur, seinen amerikanischen Konkurrenten Solectron. Weitere Kontraktfertiger sind der Anlage 4 zu entnehmen, wobei auffällig ist, dass diese hauptsächlich in Asien bzw. China ansässig sind. Flextronics betreibt 20 Fabriken in China, unter anderem in Dongguan, und Shenzhen. Shenzhen ist ein ehemaliges Fischerdorf in der Provinz Guangdong und eine der bekanntesten Sonderwirtschaftszonen und Symbol des neuen industriellen Chinas. In der Industriezone Pearl River Delta haben sich seit 1991 über 4000 Unternehmen niedergelassen, die mit der Computer-Produktion verbunden sind.[48] Neben den großen Kontraktfertigern sind die folgenden traditionellen Zulieferfirmen in dieser Gegend zu nennen, wobei zu erwähnen ist, dass nicht immer eine klare Grenze zwischen Kontraktfertiger und Komponentenlieferanten gezogen werden kann: Compeq Manufacturing in Huizhou, Gloryfaith in Jiangmen, Primax, Tyco und die Lite-On Group in Dongguan, Volex in Zhongshan und Yonghong in Shenzhen.

In der folgenden Abbildung ist die Gegend des Pearl River Delta in der Provinz Guangdong in Südchina und einige Zulieferfirmen abgebildet.

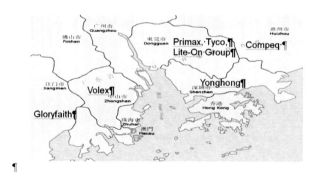

Abb. 8: Das Gebiet des Pearl River Delta[49]

---

47 Vgl. Bormann / Becker (2006), S.2; vgl. dazu Völpel (2007) S. 5.
48 Vgl. Peyer / Füri (2007), S. 5.
49 http://en.wikipedia.org/wiki/Pearl_River_Delta, Stand: 9.07.2009.

Die Elektronik- und IT-Industrie entwickelte sich zur wichtigsten Industrie in der Provinz Guangdong. Anlage 5 zeigt den Bruttowert der Industrieproduktion und den prozentualen Anteil von 2007 in Guangdong tabellarisch auf. Neben anderen Industrien wie Chemie, Textil, Lebensmittel und Medizin verzeichnen die Elektronik- und Informationstechnologien die höchsten Produktionswerte.

Häufig wird in diesem Zusammenhang darauf hingewiesen, dass Chinas wirtschaftlicher Aufstieg unter anderem auf die Missachtung der Arbeits- und Menschenrechte zurückzuführen sei. Eine Vielzahl von Studien und Zeitschriftenartikeln weisen darauf hin, dass in den genannten Zuliefererbetrieben keine sozialen oder Umweltstandards eingehalten werden. Hinzu kommt, dass vermehrt große multinationale Unternehmen aus aller Welt von den billigen Arbeitskräften profitieren wollen, was gleichzeitig eine Verbesserung der Arbeitsbedingungen weiter erschwert. Allerdings kann aber auch gesagt werden, dass durch die Globalisierung der Supply Chain ein Import von Corporate Social Responsibility nach China gefördert wurde.[50]

3.1.2 Anreizbedingungen für CSR in der Supply Chain

Die Notwendigkeit, CSR vor allem in der Zulieferkette voranzutreiben ist durch die Situation in der Computerbranche deutlich geworden. Die Bereitwilligkeit, CSR durchzuführen, entsteht jedoch nicht alleine daraus, dass Unternehmen Gutes tun wollen. Zunächst sollte man bei der Nachfrageseite der Supply Chain ansetzen. Das Bewusstsein für ökologische Aspekte hat sich aus Sicht der Konsumenten stark verändert. Aufgrund zunehmender Berichterstattungen über Klimawandel und Naturkatastrophen, achten die Kunden verstärkt darauf, dass sie ihre Produkte von Markenherstellern kaufen, die umweltbewusst handeln. Vergleichbar dazu ist die Situation, was die sozialen Erwartungen der Konsumenten betrifft. Die Vorstellungen haben sich dahingehend verändert, dass Kunden darauf achten, ob ein Unternehmen nicht lediglich nach Gewinnmaximierung strebt, sondern ob Arbeitnehmer- und Menschenrechte in der gesamten Lieferantenkette beachtet werden. Die Attraktivität eines Unternehmens, beeinflusst seinen ökonomischen Erfolg, was das Unternehmen wiederum in die Lage versetzt, moralisch zu handeln.[51] Die Gesellschaft mit ihren freien Medien, den sozialen Trägern und Umweltorganisationen als objektivem Sprachrohr bzw. als Aufklärungsmedium für die Konsumenten und Kunden ist zentraler Treiber für CSR. Aufgrund negativer Berichterstattung und Kampagnen durch NGOs oder internationalen Organisationen kann besonders für Markenunternehmen ein enormer Imageverlust entstehen.[52] Letztendlich liegt es aber an dem fokalen Unternehmen selbst, inwiefern es bereit ist, Transparenz zu schaffen (Berichterstattung, Homepage, Veröffentlichung der Liste der Zulieferer) und in den sozialen Dialog mit der Öffentlichkeit und schließlich den Kunden zu treten. Natürlich werden Unternehmen für ausreichend Transparenz sorgen, wenn sie genügend gesellschaftliche Aktivitäten in ihr Management integrieren und Verantwortung für ihre Beschaffungskette übernehmen. Die Unterneh-

---

50 Vgl. Bormann / Völpel (2007), S. 45.
51 Vgl. Finkernagel (2007), S. 17-21.
52 Vgl. De Nardo / Hurschler (2008), S. 27.

men können bestimmte Kriterien bei der Auswahl ihrer Lieferanten beachten oder sie können Richtlinien und Standards in den Zulieferunternehmen einführen. Aber nicht nur die Implementierung, sondern auch die Kontrolle durch entsprechende Audits, inwieweit die Richtlinien erfüllt werden ist dabei unumgänglich. Um bessere Arbeits- und Umweltbedingungen in der Zulieferkette zu erreichen, ist die Kommunikation mit allen Stakeholdern erforderlich, was eine gewisse Transparenz und Berichterstattung durch die Unternehmen voraussetzt. Die Abbildung 9 soll entsprechendes verdeutlichen.[53]

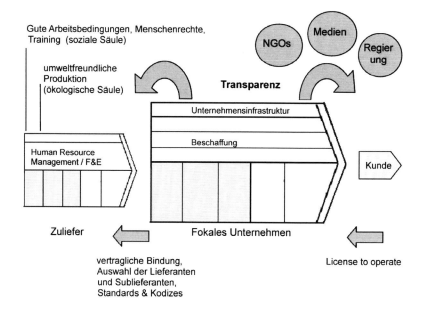

Abb. 9: Anreize für CSR[54]

Der soziale Dialog erfolgt über sekundäre Stakeholder (Medien, NGOs) durch Interviews, Berichterstattung, Veröffentlichung der Zuliefererliste durch die OEMs in Richtung der Nachfrageseite. Bezüglich der Angebotsseite erfolgt eine Kommunikation mit den Zulieferern und Komponentenherstellern als Voraussetzung, um soziale und ökologische Standards und Codes of Conduct (Verhaltenskodizes) zu implementieren, den ArbeiterInnen und Fabrikmanagement anzulernen und zu kontrollieren. Dies erfordert den Blick in die Wertkette der Partnerunternehmen. Die Abbildung soll exemplarisch die Interaktion des Herstellerunternehmens mit einem Lieferanten darstellen. Dies lässt sich auch auf die gesamte Netzwerkstruktur aller beteiligten Unternehmen übertragen.

---

53 Vgl. Seuring/ Müller (2008), S. 1703 f.
54 Eigene Abbildung vgl. dazu Seuring/Müller 2008, S. 1703.

3.2 Umsetzungsformen von CSR

Damit eine Verbesserung in den Zuliefererbetrieben bewirkt werden kann, müssen CSR Instrumente geschaffen werden, die auf das Kaufverhalten der Konsumenten, den Einsatz von NGOs, der Herstellerfirma und auf Verhalten von Management und den Arbeitskräften in den Zuliefererbetrieben einwirken. Dieses Kapitel soll entsprechende Instrumente darstellen, die später als Kriterien für die empirische Analyse dienen werden, um die Umsetzung von CSR in der Praxis zu überprüfen. Der Schwerpunkt wird auf die Zulieferer gerichtet, da deren Bewusstseinsbildung (Awareness) für CSR Themen eines der wichtigsten Kriterien ist. Neben der Einführung der CSR Standards und Verhaltenskodizes sowie der Anwendung von Klauseln in vertraglichen Vereinbarungen sollen vor allem durch Lieferantenbewertung, Trainings, Workshops und Kommunikation Erfolge erzielt werden. Die anderen Anspruchsgruppen, also Konsumenten, NGOs und Regierungen nehmen eher eine Überwachungsrolle ein, wobei sie aber auch durch Partnerschaften und Kooperationen einen großen Beitrag zur Verbesserung der CSR Aktivitäten in der Supply Chain leisten können.[55]

3.2.1 Standards

Die Entwicklung der verschiedenen CSR Standards geht auf Vereinigungen von Unternehmen, NGOs, Gewerkschaftsverbänden, staatlichen Organisationen oder diversen Übereinkommen zurück. Dies sind eindeutig schriftlich festgelegte Regeln, die sich von Richtlinien durch ihren freiwilligen Charakter unterscheiden. Die Freiwilligkeit entsteht dadurch, dass die Nichteinhaltung von Standards nicht sanktioniert wird. In der Hinsicht besteht eine gewisse Ähnlichkeit zu Normen, da Normen auch freiwillig sind. Diese unterscheiden sich hinsichtlich der Standards, dass sie nicht niedergeschrieben sind und eher in die Richtung von stillschweigenden Verhaltensregeln in bestimmten Situationen gehen.[56] Standards gehen also über die Beachtung des Gesetzes hinaus und geben Unternehmen die Möglichkeit, zu zeigen, dass sie zusätzlich CSR Praktiken entwickeln und in ihren Betrieb bzw. in ihre Supply Chain einführen. Darüber hinaus sollen Standards helfen, ein systematisches Verfahren zu entwickeln, welches Indikatoren, Ziele und Berichterstattungsverfahren generiert, damit CSR Programme und -Aktivitäten erfolgreich eingeführt und überprüft werden können.[57]

Grundlage für die wichtigsten Standards, Initiativen und Zertifizierungen bilden die International Labor Organisation (ILO) – Kernarbeitsnormen. Sie sind Mindeststandards, die für die Verbesserung der Arbeitsbedingungen weltweit festgesetzt wurden. Die vier Kernarbeitsstandards sind Koalitionsfreiheit, die Beseitigung von Zwangsarbeit, Diskriminierung und Kinderarbeit.[58] Als Zertifizierungsstandards sind zum Einen die Accountability Standards SA

---

55 Vgl. FIAS / BSR (2007), S. 11; S. 20.
56 Vgl. Jutterström (2006), S. 4.
57 Vgl. Galbreath (2006), S. 182.
58 Zwar sollen die ILO Konventionen der beteiligten Länder in nationales Recht umgesetzt werden, dennoch erfolgt keine Erzwingung zur Ratifizierung, was zur Folge hat, dass China das Recht auf Vereinigungsfreiheit und Kollektivverhandlungen nicht ratifiziert hat, daher ist der richtungsweisende Charakter an dieser Stelle wichtig vgl. dazu Lübcke (2007), S.18.

8000 (Social Accountability 8000), AA1000 (AccountAbility 1000) und OHSAS 18001 (Occupational Health and Safety Assessment Series) und zum Anderen die GRI (Global Reporting Initiative) Richtlinien und einige ISO (International Organization for Standardization) Standards zu nennen. Der SA 8000 Standard bezieht sich auf Arbeitnehmerrechte und Arbeitsplatzbedingungen und basiert auf den ILO Konventionen und den UN Konventionen für Kinderrechte. Um SA 8000 in einem Unternehmen einzusetzen, muss ein sogenanntes Social Management System implementiert werden. Der AA 1000 ist ein Standard für soziale und ethische Bilanzierung, Auditing und Berichterstattung und gilt als ein Standardrahmen für die Stakeholdereinbindung. Neben Prozessstandards, die das Unternehmen beim Definieren von Zielen, bei der Kontrolle und Berichterstattung unterstützen sollen, liefert der AA1000 soziale und ethische Qualitätsstandards.[59] Die OHSAS Zertifizierung garantiert, dass ein Unternehmen ein Managementsystem für Arbeitsschutz eingeführt hat. Das System basiert auf Risikoeinschätzungen von Anlagen, Produkten und Arbeitsprozessen und erfordert regelmäßige Kontrollen dieser.[60] Die GRI (Global Reporting Initiative) bietet Richtlinien für die Nachhaltigkeitsberichterstattung. Durch bestimmte Prinzipien der Berichterstattung wie Transparenz, Stakeholdereinbeziehung, Vollständigkeit, Neutralität und Klarheit soll vor allem die Vergleichbarkeit hergestellt werden.[61] Die ISO (International Organization for Standardization) ist unter anderem verantwortlich für ISO 14000 und 14031 für die Einführung von Umwelt Management Systemen (zertifizierbar) und die Ethiknorm ISO 26000 als eine Empfehlung für Unternehmen.

Der UN Global Compact ist ein Verhaltenskodex der UNO, welcher als Teilnahmebedingung die Akzeptanz der Richtlinien durch die Unternehmen fordert. Hierzu zählt die Einhaltung der Menschen- und Arbeitsrechte. Des Weiteren enthält der Global Compact Anforderungen bezüglich des Umweltbewusstseins und der Antikorruption. Die OECD Leitsätze sind von der Organisation for Economic Co-operation and Development verabschiedete Grundsätze und Standards, der eine Empfehlung der Regierungen an Unternehmen darstellt. Die Empfehlungen schließen Transparenz, Arbeitsbeziehungen, Umweltschutz, Korruptionsbekämpfung etc. mit ein.[62]

Einführung

Die Einführung der Standards in das Unternehmen und seiner Supply Chain erfolgt unterschiedlich. Die ILO Konventionen fordern die Mitgliedschaft von Staaten und die Ratifizierung der acht Kernarbeitsnormen. Von den Unternehmen der Mitgliedsstaaten wird erwartet, dass sie diese Standards befolgen und diese auf der ganzen Welt durch ihre Supply Chain fördern.[63] Die bereits angesprochenen Zertifizierungsstandards können in Codes of Conduct (CoC) von Unternehmen integriert werden, wie beispielsweise der SA 8000. Dieser Standard ist Hauptbestandteil des Verhaltenskodexes der Business Social Compliance Initiative

---

59 Vgl. Göbbels / Jonker (2007), S. 55 f.
60 Vgl. http://www.csr-supplychain.org/standard/ohsas-18001-occupational-health-and-safety-assessment-series, Stand: 13.07.2009.
61 Vgl. Jutterström (2006), S. 17.
62 Vgl. BDA (2005), S. 9-11.
63 Vgl. http://www.csr-supplychain.org/standard/ilo-conventions, Stand 13.07.2009.

(BSCI). Die Mitgliedschaft eines Unternehmens erfordert die Einhaltung der Standards, die dann dementsprechend zertifiziert wird.[64] Die Aufnahme der Standards und Ethiknormen als Empfehlungen (wie ISO 26000) in den Verhaltenskodex werden im folgenden Kapitel näher erläutert. Eine weitere Möglichkeit, Anreize für die Einhaltung der freiwilligen Richtlinien zu schaffen, ist die Veröffentlichung einer Liste. So veröffentlicht z.b. die GRI auf ihrer Homepage die Liste der Unternehmen, die ihre Nachhaltigkeitsberichte in Übereinstimmung mit den Richtlinien erstellt haben. Ähnlich sieht es bei dem UN Global Compact aus, der kein Durchsetzungsprogramm verfolgt, sondern lediglich eine Liste der unterzeichnenden Unternehmen auf seiner Homepage veröffentlicht.

Kontrolle

Multinationale Unternehmen stehen unter dem Druck, dass sie ihre Zuliefererfirmen hinsichtlich der Einhaltung der verschiedenen Standards am Arbeitsplatz kontrollieren müssen. Dazu gibt es zunächst die Möglichkeit des Self Monitorings. Das bedeutet, dass Fabriken sich selbst kontrollieren und eine Berichterstattung durchführen, in der sie die Einhaltung der Standards versichern. Vorteil dieser Anwendung sind geringe Kosten und die unkomplizierte Anwendung. Die Nachteile sind, dass aufgrund fehlender Objektivität das Ergebnis nicht sehr verlässlich ist. Deshalb wird gefordert, dass die Unternehmen ihre Zulieferer direkt überprüfen (Monitoring by Brand Manufacturer). Vorteil dieses Verfahrens ist, dass Unternehmen direkt Veränderungen fordern können und sich in darauf folgenden Kontrollen vergewissern können, dass diese umgesetzt wurden. Hinzu kommt, dass Unternehmen die Fabriken vor Ort kontrollieren können und vertraut mit der Branche sind. Demnach ist die Wahrscheinlichkeit gering, dass Probleme übersehen werden oder dass ihnen Fehler unterlaufen. Nachteilig ist, dass Unternehmen nicht speziell für Audits geschult sind und auch bei dieser Maßnahme wenig Objektivität gewahrt wird. Hinzu kommt dass die Zahl an Zulieferern sehr groß ist und nicht alle überprüft werden können. Dadurch, dass die Fabriken zum großen Teil mehrere Markenfirmen beliefern, würden überflüssige Kosten durch mehrmalige Prüfungen einer Fabrik entstehen. Daher werden einheitliche Prüfungen durch unabhängige Dritte gefordert. Die Audits können durch professionelle Firmen durchgeführt werden, die sich auf Qualitätskontrollen oder Audits spezialisiert haben (Monitoring by Independent Professionals), was den Vorteil hätte, dass ein hoher Grad an Professionalität und Unabhängigkeit gegeben ist. Für das Unternehmen würden allerdings höhere Kosten entstehen. Begutachtungsteams, die aus NGOs bestehen (Monitoring by NGOs) hätten den Vorteil, dass sie ihre Aufgabe mit Hingabe und Eifer erledigen würden, allerdings haben NGOs nicht die erforderlichen Kapazitäten, um eine so große Menge an Zuliefererbetrieben zu kontrollieren. Zum großen Teil zweifeln Unternehmen auch an der Objektivität und der Fähigkeit der NGOs zwischen kleinen Verstößen und gravierenden Fehlern zu unterscheiden, was dann zur Nichtzertifizierung führen würde. Beschwerden durch ArbeiterInnen oder Arbeitergruppierungen (Complaint Based) werden auch zum Kontrollmechanismus hinzugezählt. Dieser Aspekt wird im Rahmen des Multistakeholderdialogs später noch einmal aufgegriffen.[65]

---

64 Vgl. BSCI (2008), S.8 f.
65 Vgl. Bremer / Udovich (2001), S. 336 - 338.

3.2.2 Codes of Conduct

Codes of Conduct (CoC) definieren Werte, die man als Unternehmen nach außen tragen möchte. Unternehmensspezifische CoC sind soziale und ökologische Standards und Prinzipien, die sich ein Unternehmen selbst auferlegt und sich dazu verpflichtet, diese auch einzuhalten. Die Verhaltenskodizes fügen sich nationalem Recht und setzen zudem noch weitere Regelungen.[66] Viele Verhaltenskodizes beziehen die Zulieferkette der Unternehmen mit ein. Manchmal setzen Unternehmen auch spezielle Supplier Codes of Conduct (SCoC), die explizite Richtlinien für die Zusammenarbeit mit den Lieferanten und Anforderungen bezüglich ethischem, sozialem und ökologischem Verhalten definieren. Diese gleichen von ihrer Grundstruktur den allgemeinen CoC. Zusätzlich werden die Lieferanten über die SCoCs aufgefordert, die Werte wiederum an ihre Lieferanten weiterzugeben.[67] Neben den unternehmenseigenen CoC gibt es Branchenkodizes, wie den EICC (Electronic Industry Citizenship Coalition) CoC. Dieser Verhaltenskodex ist speziell auf soziale und ökologische Aspekte der Supply Chain in der Elektronikindustrie ausgerichtet.[68] Er ebnet den Weg für eine gemeinsame Methode, die Leistungen der Zulieferer hinsichtlich CSR Themen zu kontrollieren. Zusammen mit der Global e-Sustainability Initiative (GeSI), entwickelte die EICC einen Fragebogen für Lieferanten zur Selbsteinschätzung, mit dem Ziel, die Wichtigkeit der Richtlinien deutlich zu machen. Die GeSI ist ein Zusammenschluss von Unternehmen, NGOs und anderen Einrichtungen, die mit der ICT Industrie verbunden sind und zielt auf eine nachhaltige Entwicklung dieses Sektors ab.[69] Bevor es den EICC CoC gab, mussten die Zuliefererfirmen mehrere und voneinander unabhängige Kontrollen über sich ergehen lassen. Ein Kodex, der für einen Wirtschaftszweig bestimmt ist, verhindert demnach Verdopplung oder Widersprüche, die häufig bei der Vielzahl von unternehmensspezifischen Codes auftreten.[70] Aus diesem Grund wurden auch CoCs entwickelt, die zwar branchenübergreifend sind, aber gemeinsame Ziele oder vereinheitlichte Verfahren und Programme verfolgen. Beispiele hierfür sind der Verhaltenskodex der Business Social Compliance Initiative (BSCI), der Fair Labour Association (FLA) und der Ethical Trade Initiative (ETI).

Der BSCI[71] Code of Conduct soll von den BSCI Mitgliedern eingeführt werden und beinhaltet soziale und ökologische Standards mit bestimmten Anforderungskriterien für Lieferanten und Sublieferanten. Außerdem sind Maßstäbe darin enthalten, die notwendig sind, diesen Kodex einzuführen und seine Umsetzung in der Supply Chain zu überprüfen. Den Mitgliedern wird empfohlen an einheitlichen Trainings und Workshops teilzunehmen. Außerdem werden die

---

66 Vgl. Chan / Peyer (2008), S. 45.
67 Vgl. De Nardo et al. (2008), S.27.
68 Im Rahmen der CAFOD Kampagne 2004 „Clean Up your Computer" wurden Studien publiziert, welche von den schlechten Arbeitsbedingungen in der Computerindustrie berichteten, daraufhin veröffentlichten die Marktführer unter den Markenunternehmen (Dell, HP, IBM) und einige Kontraktfertiger (Solectron, Flextronics, Celestica, Jabil) den EICC, in dem sich die unterzeichnenden Unternehmen zur Einhaltung gewisser sozialer und ökologischer Standards verpflichten.
69 Vgl. GeSI / EICC, (2007), S. iii.
70 Vgl. United Nations Economic and Social Commission for Asia and the Pacific (2005), S. 10.
71 Der BSCI kann in jedem Sektor implementiert werden, aber Mitglieder sind häufig Hersteller von kurzlebigen Gütern, wie Textilien,kleine Geräte und Spielzeug; vgl. http://www.bsci-eu.com/index.php?id=2036, Stand: 13.07.2009.

Mitglieder externen Kontrollen unterzogen.[72] Die Fair Labour Association hat einen speziellen Arbeitsplatz Verhaltenskodex entwickelt, der sich vor allem auf die Arbeitsrechte bezieht. Dabei werden externe Kontrollen durchgeführt, deren Ergebnisse dann durch öffentliche Berichterstattung dem Konsumenten zugänglich gemacht werden.[73] Die ETI[74], ein Zusammenschluss von Unternehmen, NGOs und Gewerkschaftsverbänden, erzielen die Förderung und Verbesserung der Kodizes hinsichtlich Arbeitsbedingungen in der Supply Chain. Mitglieder müssen sich öffentlich zum ETI Kodex bekennen und jährliche Berichterstattungen über Implementierungsaktivitäten leisten.[75] In der Regel orientieren sich die CoC an den ILO Kernarbeitsnormen. Entscheidend für die erfolgreiche Durchführung der Verhaltenskodizes ist die Berücksichtigung der normativen, strategischen und operativen Ebenen des Unternehmens. Während die normative Ebene die Erstellung der Richtlinien beinhaltet, wird durch die strategische Ebene die Einführung und Umsetzung realisiert. Die operative Ebene soll einen Lieferantenüberwachungsprozess einführen. Auf allen drei Ebenen soll das Unternehmen seine Lieferanten verpflichten, auf deren Unterlieferanten zu achten.[76]

Einführung

Die Umsetzung und Einführung der CoCs kann in Form von Rücksprache mit den direkten Lieferanten erfolgen oder als Vertragsbedingung, wenn neue Lieferanten beauftragt werden.[77] Manchmal wird die Kategorie Compliance (Befolgung) in die SCoCs aufgenommen und reicht von einer Kenntnisnahme des Kodex bis hin zur Implementierung eines umfassenden Managementsystems (Umweltmanagement, Qualitätsmanagement, Management für Arbeitssicherheit, Gesundheitsschutz, Gefahrenvermeidung)[78].[79] Wichtig dabei ist, dass bestimmte Abteilungen (Beschaffungsabteilung) festgelegt werden, die CSR Praktiken einführen und ihre Umsetzung vor Ort sicherstellen. Das Ausmaß, wie weit ein CoC eingeführt wird, hängt von dem Einsatz des Herstellerunternehmens ab, in der Hinsicht, wie es Audits und Überprüfungsmaßnahmen vornimmt und wie weit die Lieferanten Abweichung von dem Kodex verbergen können. Die Unternehmen können unterschiedlich auf Nichteinhaltung der Verhaltenskodizes reagieren. Sie reichen von Vertragsabbruch bis hin zu langfristigen Programmen (sog. Korrekturphase), um die Nichtbefolgung zu beseitigen. Einige Unternehmen gehen auch so vor, dass nach dreimaliger Verwarnung die geschäftliche Beziehung getrennt wird, um die Glaubwürdigkeit ihrer Kodizes erhalten zu können. Andere Unternehmen führen über mehrere Jahre hinweg Sanierungsprogramme durch, bevor sie die Geschäftsbeziehung trennen.[80] Die Schaffung von Anreizsystemen und die Änderung von Preisen, Produktions- und Lieferungs-„deadlines" gehören ebenfalls zur Einführung der Standards.[81]

---

72 Vgl. BSCI (2008), S. 6.

73 Vgl. http://www.csr-supplychain.org/standard/fla-workplace-code-of-conduct-fla-30, Stand: 13.07.2009.

74 Die meisten Mitglieder sind aus der Textil- oder Lebensmittelindustrie.

75 Vgl. United Nations Economic and Social Commission for Asia and the Pacific (2005), S. 37.

76 Vgl. De Nardo et al. (2008), S. 30.

77 Vgl. Chan / Peyer (2008), S. 46.

78 Vgl. IOEW (2007), S. 109.

79 Vgl. De Nardo et al. (2008), S. 28.

80 Vgl. United Nations Economic and Social Commission for Asia and the Pacific (2005), S. 10.

81 Vgl. Chan / Peyer (2008), S. 46.

Kontrolle

Es muss regelmäßig überprüft werden, ob die formulierten Grundsätze eingehalten werden. Dazu können in-house Auditoren angelernt werden (Internal Audits), oder es kann eine dritte Audit Firma mit der Kontrolle beauftragt werden (Third Party Audits). Diese können mit unabhängigen Vereinigungen und NGOs in dem produzierenden Land kooperieren (Multiparty Audits). Darüber hinaus gibt es Initiativen wie die ETI oder die FLA, die eine unabhängige Verifizierung von Audits anbieten. (Vgl. Kapitel 3.2.1)

Die Kontrolle kann in Form von Interviews mit Management und ArbeiterInnen erfolgen, oder auch die Überprüfung von Dokumenten (Gehaltszettel, Arbeitslohnkarte) oder die Inspektion der Produktionsstätte sein. Zudem gibt es die Möglichkeit, dass die Auditoren durch oben genannte Zertifizierungsstandards qualifiziert und anerkannt werden (z.B. von SA 8000).[82] Neben der Lieferantenbewertung während der bereits laufenden Geschäftsbeziehungen (ex-post Bewertung), kann man die Bewertung vor Beginn der Geschäftsbeziehung (ex-ante Bewertung) vornehmen. Audits können in Form von qualitativen Verfahren (Checklisten) und quantitativen Verfahren (Ratingskala) erfolgen.[83]

3.2.3 Training

Die Nachteile von Kontrollen und Überwachung in den Zuliefererbetrieben zeigen die Wichtigkeit von Schulungsprogrammen und Kapazitätenaufbau hinsichtlich der CSR Themen. Anreize für die Herstellerunternehmen, in das Humankapital ihrer Supply Chain zu investieren, können langfristige Verträge und langfristige Beziehungen sein, die auf Vertrauen basieren.

Viele Studien zeigen, dass es den ArbeiterInnen in den Zuliefererbetrieben besonders im Asien Pazifik Raum an Kenntnissen und Fachwissen bezüglich CSR Themen fehlt. Sogar wenn Manager oder Besitzer der Zuliefererbetriebe angewiesen werden, sich mit CSR Themen zu befassen, beklagen sie sich über das Fehlen von Erfolgsbeispielen, von detaillierter Anleitung für die Schritte, die gemacht werden müssen, um CSR Praktiken einzuführen und das Fehlen von qualifiziertem Personal und Beratungsservice. Demnach gibt es hohen Bedarf, die CSR Kapazitäten in der Supply Chain zu erhöhen. Training ist ein Schlüsselinstrument, um CSR zu verbessern. Auf der einen Seite muss das Bewusstsein der Manager bezüglich der CSR Themen geweckt werden, auf der anderen Seite müssen Kapazitäten aufgebaut werden, um CSR Praktiken umzusetzen. Hierzu müssen Trainingsprogramme entwickelt werden und den Managern zugänglich gemacht werden. Das bedeutet, dass sie verständlich, kurz und intensiv sein müssen. Solche Trainingsprogramme müssen so entwickelt werden, dass sie an Gebiete anknüpfen, wo bereits Kapazitäten bestehen und wo Organisationen und andere Vertretungen ihre Fachkompetenz einbringen können. Lokale Regierungsbeamte, NGO Gemeinschaften, Wissenschaftler, Fachberater und erfahrene CSR Manager müssen zu einem Informationsprogramm zusammengebracht werden um Informationen zu teilen und Fachwissen zu entwi-

---

82 Vgl. Chan / Peyer (2008), S. 46.
83 Vgl. Bremen / Wang (2008), S. 3.

ckeln.[84] Darüber hinaus gibt es die Möglichkeit Orientierungsseminare anzubieten, die die Vielzahl der Codes of Conduct und die Erwartungen des Herstellerunternehmens erläutern. Es könnten Aspekte, die die Befolgung der Codes verhindern herausgearbeitet werden, womit die Selbsteinschätzung erleichtert werden kann.[85] Capacity-Building Workshops sollten aber nicht nur für Management und Leiter der Lieferantenbetriebe angeboten werden, da die Notwendigkeit, auch die einzelnen Arbeitskräfte zu schulen, sehr groß ist. Häufig fehlt es den ArbeiterInnen an Wissen bezüglich ihrer Rechte und wie sie sich selbst schützen können. Diesbezüglich ist es von Vorteil für die ArbeiterInnen, wenn sie wissen, wie sie ihren Lohn kalkulieren können, wie sie Beschwerde einlegen können, welche Chemikalien sie wie behandeln müssen und welche Schutzmaßnahmen beim Umgang mit chemischen Stoffen notwendig sind. Um den ArbeiterInnen das notwendige Wissen zu vermitteln, Fähigkeiten anzulernen und den Arbeitsschutz zu verbessern, muss es Trainingsprogramme geben, die Informationen bereitstellen und neue Perspektiven darbieten. Die Workshops könnten auf den Unternehmenskodex aufbauen, um spezielles Wissen und bestimmte Fähigkeiten einzuführen, die gebraucht werden, um verschiedene Interessengebiete zu behandeln, damit die Befolgung sozialer und ökologischer Standards gewährleistet werden kann.[86] Die Programme könnten dabei auf bestimmte Themenfelder abzielen (Löhne, Überstunden, Verhandlungsfreiheit, Aufbau eines positiven Arbeitsumfeldes, Gesundheit und Sicherheit, Hygiene und Umwelt) oder sie könnten bestimmte Gruppen ansprechen (Frauen, Migranten).[87] Zusätzlich könnten bestimmte Soft Skills wie Kommunikation, Teamentwicklung, Konfliktlösung, Fabrikkontrolle, Berichterstattung und Problemlösung vermittelt werden. Um nachhaltige Veränderungen zu erzielen, müssen ArbeiterInnen aber vor allem als Partner in Bewertungs- und Problemlösungsprozessen agieren (Worker Engagement) um gerechte, legale und sichere Arbeitsplatzpraktiken aufrecht zu erhalten. Um die einzelnen Arbeitskräfte in den Bewertungsprozess einzubeziehen, müssen diese sich einem speziellen Trainings und Schulungsprogramm unterziehen, um das erforderliche Wissen und die Fähigkeiten zu erlangen.[88]

Es besteht das Problem, dass es in vielen Ländern (besonders in der Asien Pazifik Region) nur wenige Consultingfirmen für CSR Themen gibt und NGO Gemeinschaften auch unterentwickelter als in anderen Regionen sind. Unter diesen Umständen muss daher zunächst ein Trainingsprogramm für Trainer entwickelt werden, damit mehr Personen über Fachwissen bezüglich CSR Themen verfügen und genügend Trainerkapazitäten aufgebaut werden können. Die großen Markenunternehmen können an dieser Stelle einiges tun um, diese Programme zu entwickeln und durchzuführen.[89] Dazu bedarf es der Zusammenarbeit mit akademischen Einrichtungen, Universitäten, Handelsverbänden, Regierungen und NGOs. Diese Arten von Capacity Building können Arbeitsstandards in den Fabriken verbessern, aber auch die Produktivität, Qualität und die Fluktuationsrate positiv beeinflussen und somit die unternehmerische Gesamtleistung steigern.

---

84 Vgl. United Nations Economic and Social Commission for Asia and the Pacific (2005), S. 40.
85 Vgl. http://www.verite.org/Training/WorkerEmpowerment, Stand: 13.07.2009.
86 Vgl. http://www.verite.org/Training/WorkerEmpowerment, Stand: 13.07.2009.
87 Vgl. United Nations Economic and Social Commission for Asia and the Pacific (2005), S. 40.
88 Vgl. http://www.verite.org/Training/WorkerEmpowerment, Stand 13.07.2009.
89 Vgl. United Nations Economic and Social Commission for Asia and the Pacific (2005), S. 40.

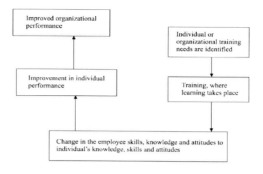

Abb. 10: Bramely's individual model of training[90]

3.2.4 Multistakeholderdialog

Der Stakeholderdialog ist ein wichtiger Ansatzpunkt, um ein CSR Programm zu entwickeln. Indem die verschiedenen Erwartungen der Stakeholdergruppen gesammelt werden, können Prioritäten und Grenzen von CSR Initiativen gesetzt werden und eine Auswahl der Themen getroffen werden. Der Dialog mit den Stakeholdern trägt zu einem besseren Verständnis der relevanten CSR Themen bei, unterstützt die Entwicklung einer geeigneten Strategie und hilft bei der Erstellung eines CSR Berichtes, der zur erhöhten Glaubwürdigkeit des Unternehmens beiträgt. Darüber hinaus hilft er, auf beiden Seiten Vorurteile abzubauen sowie Verständnis und Vertrauen aufzubauen.[91] Der Dialog kann die kooperative Richtung in Form von Partnerschaften einschlagen, oder eine Verteidigerfunktion einnehmen indem es Informationen darbietet und kritische Stakeholder besänftigt. Dieses Kapitel fokussiert den Dialog mit den wichtigsten Stakeholdern der Supply Chain. Die Kommunikation mit ArbeiterInnen und Management der Lieferantenbetriebe und die Kooperation und Rechtfertigung vor unternehmensexternen Stakeholdern, den Kunden, NGOs.[92]

---

90 Sahinidis / Bouris (2008), S. 66.
91 Vgl. PWC (2009), S. 40.
92 Vgl. Bendell (2000), S. 3; 6.

Zulieferer

Die Voraussetzung dafür, dass CSR Prinzipien in das Unternehmen erfolgreich eingeführt werden können, ist die Einbindung aller - vom „ground floor" bishin zum Management.[93] Das bedeutet, dass alle, die in den Produktionsprozess einbezogen sind, verstehen müssen, warum CSR dem Unternehmen Erfolg bringen kann und zu einer nachhaltig positiven Entwicklung führt. Wenn jeder das Bewusstsein für die Notwendigkeit von CSR erlangt, kann das Unternehmen langfristigen Profit erzielen. Dies lässt sich durch den Dialog zwischen dem Markenunternehmen und seinen Zuliefererfirmen realisieren. Auf der einen Seite wird durch die Kommunikation erreicht, dass die Markenfirma klare Anreize an den Lieferanten formulieren kann. Anreize für den Lieferanten können lange Verträge, höhere Preise oder öffentliche Anerkennung sein, gleichzeitig sollte die Markenfirma aber auch die Risiken und Auswirkungen bei schwacher Leistung kommunizieren. Andererseits können das Management und die einzelnen ArbeiterInnen Fragen stellen oder Beschwerde einlegen. Die Arbeitskräfte sind die Hauptbegünstigten eines verantwortungsvollen Supply Chain Managements und eine Bindung zu ihnen ist demnach essentiell, um CSR Themen in den Betrieb einzuführen. Neben Training bezüglich der Arbeitnehmerrechte (vgl. Kapitel 3.2.3), gibt es noch die Möglichkeit, Beschwerdeverfahren und Kommunikationskanäle zwischen ArbeiterInnen und Management bzw. ArbeiterInnen und Markenunternehmen einzusetzen, um die Arbeitsbedingungen zu verbessern. Dazu können konkrete Maßnahmen durchgeführt werden, um die Kommunikation mit den ArbeiterInnen zu verbessern: Anregungs-Boxen, Feedbackbogen über den direkten Vorgesetzten, Beschwerde-Hotlines und Intranet Foren, Chats oder Online Portale. Darüber hinaus können Interviews oder jährliche Arbeiter–Zufriedenheitsmessungen die Grundlage eines Aktionsplanes bilden.[94] Die Übersetzung der Codes of Conduct in die Sprache der ArbeiterInnen, regelmäßige Meetings zwischen Fabrikmanagement und Arbeiterversammlungen fördern ebenfalls die Kommunikation.

Weiterhin gibt es die Option der Gründung strategischer Partnerschaften. Eine strategische Partnerschaft kann ein langfristiger Vertrag zwischen Zuliefer und Markenfirma sein oder zunehmend häufige Interaktion und Lieferantenbetreuung vor Ort darstellen. Stabile und langfristige Beziehungen führen zu mehr Motivation der Zulieferer, die Kundenerwartungen zu erfüllen. Außerdem unterstützt eine strategische Partnerschaft Wissenstransfer und ermöglicht eine Bindung, die auf Vertrauen basiert und dadurch weitere Verbesserungen fördert.[95]

Multinationale Unternehmen tendieren dazu, nur mit ihren direkten Lieferanten zu kommunizieren und erwarten von ihnen, dass diese dementsprechend den Dialog mit den Sublieferanten pflegen (Wasserfall- Effekt). In der Durchführung gibt es jedoch einige Probleme, da die direkten Lieferanten sich zum großen Teil noch in der Entwicklungsphase befinden, und noch nicht so weit sind, sich um ihre eigenen Zulieferer zu kümmern. Große Unternehmen könnten diesbezüglich Lieferanten-Meetings veranstalten oder Beauftragte in den Fabriken vor Ort einsetzen um den kleineren Betrieben zu helfen. Zusätzlich gibt es die Möglichkeit, dass die großen Unternehmen ihre Lieferanten in ihre eigenen Einrichtungen einladen und als gutes

---

93 Vgl. Oury (2007), S. 68.
94 Vgl. FIAS / BSR (2007), S. 35 f., vgl. dazu Gao / Zhang (2006), S. 727.
95 Vgl. FIAS / BSR (2007), S. 41 f.

Beispiel voran gehen und ihnen Erfahrungen aus erster Hand im Umgang mit Zulieferern übertragen.[96]

NGOs und die Öffentlichkeit

Während viele NGOs eher konfrontativ gegenüber Unternehmen agieren, verstehen sich thematisch spezialisierte NGOs teilweise als Dialogpartner und sind bereit, gemeinsame Kooperationsprojekte mit den Unternehmen durchzuführen und somit ihr Fachwissen einzubringen.[97] Aus Kooperationen von Unternehmen mit NGOs und Gewerkschaften entstand beispielsweise die ETI, die sich zur Förderung der Implementierung von Verhaltenskodizes zusammengeschlossen hat. Derartige Kooperationen legen „Good Practices" mit Hilfe von Experimenten und Forschungsprojekten fest und teilen dann die Ergebnisse über Veröffentlichungen, Workshops oder Seminare mit.[98]

Darüber hinaus wird zunehmend von Politik, Verbraucherverbänden und NGOs gefordert, über ihr soziales und ökologisches Verhalten zu berichten. Neben Kundenbindung und Imagepflege kann die Nachhaltigkeitsberichterstattung dem Unternehmen helfen, sich über Probleme bewusst zu werden. Die bekanntesten Leitlinien zur Erstellung eines Nachhaltigkeitsberichtes sind GRI und AA 1000. Eine weitere Möglichkeit der Öffentlichkeit Informationen über die sozialen und ökologischen Aktivitäten des Unternehmens darzulegen, ist die Homepage des Unternehmens. Neben der Informationsdarlegung bietet die Homepage noch die Möglichkeit für Kunden oder andere Interessengruppen über bestimmte Chats und Foren mit dem Unternehmen in Kontakt zu treten. Produkt Labelling (Auszeichnung von Produkten, bei deren Produktion bestimmte Sozialstandards eingehalten wurden) ist auch eine Form der Kommunikation, da der Kunde dadurch Informationen erhält, und durch Kauf/Nichtkauf reagieren kann.[99]

---

96 Vgl. FIAS / BSR (2007), S. 38.
97 Vgl. BDA (2005), S. 24.
98 Vgl. United Nations Economic and Social Commission for Asia and the Pacific (2005), S. 36 f.
99 Bisher existiert kein Fair Trade Zertifikat für Computer, wie es z.B. bei Textilien der Fall ist.

4. Empirische Analyse

4.1 Methodenbeschreibung

Die vorliegende Studie stellt ein Konzept dar, um CSR Praktiken in der Supply Chain zu analysieren. Das Ziel der Studie ist, folgende Fragen zu beantworten: Welche Anreize und Beweggründe für CSR gibt es? Welche CSR Instrumente sind theoretisch möglich, um CSR Praktiken in der Supply Chain einzuführen? Wie sieht deren Umsetzung in der Praxis von bestimmten multinationalen Unternehmen aus?

Um die CSR Umsetzungsformen in der Praxis zu untersuchen, wurde im Rahmen der Studie die Fallstudienmethode (Case Study - Methode) eingesetzt. In Anlehnung an Eisenhardt und Graebner 2007 ist eine Falluntersuchung eine Anwendung, um durch die Untersuchung von einem oder mehreren Beispielfällen, eine Theorie oder eine Behauptung aufzustellen, die in empirische Beschreibungen eingebettet ist.[100] Case Studies können aber auch dazu dienen deskriptive Darstellungen zu liefern oder Theorien zu testen.[101] Während die Verbindung von Theorie und Praxis einen Vorteil der Case Study Methode darstellt, ist die Tatsache nachteilig, dass Theorien, die aus Fallstudien aufgestellt werden, sehr speziell sind und daher Verallgemeinerungen nur begrenzt möglich sind. Um allgemeine Aussagen treffen zu können, müssten Theoriebildung und Theorieprüfung miteinander verbunden werden.[102] Die Beispielunternehmen wurden aus der Branche der Unterhaltungselektronik, insbesondere von Computerherstellern auf Basis der folgenden Kriterien ausgewählt. Die drei Unternehmen sind OEMs und haben seit mehreren Jahren Erfahrung im Umgang mit CSR in der Supply Chain. Darüber hinaus sind sie groß, haben eine marktbeherrschende Position, stellen Computer bzw. arbeitsintensive Produkte[103] her und profitieren von ihren Markennamen. Dadurch, dass es sich bei den Computerherstellern um große und bekannte Marken handelt, sind sie bezüglich ihres Markenimages sehr angreifbar. Auf der anderen Seite haben sie durch ihren wirtschaftlichen Erfolg, finanziell die Möglichkeit CSR Instrumente einzusetzen. Zwar können die Ergebnisse der Analyse nicht auf andere Unternehmen übertragen werden, aber sie können als Beispiel für „Best Practice" oder Inspiration genutzt werden.

Die CSR Praktiken der Fallunternehmen wurden danach untersucht, inwieweit sie die Implementierung und Kontrolle von Standards und CoCs, Training, sowie den Dialog mit den wichtigsten Stakeholdern ihrer Supply Chain in ihrer CSR Politik berücksichtigen. Diese Analyse erfolgt über die Unternehmenswebseiten, den Jahres- und CSR Berichten. Um einen Überblick über die Entwicklung der Zustände in den Zuliefererbetrieben herzustellen und damit die Umsetzung der CSR Maßnahmen zu bewerten, werden zusätzlich Studien von NGOs

---

100 Vgl. Eisenhardt / Graebner (2007), S. 25.
101 Vgl. Eisenhardt (1989), S. 535.
102 Vgl. Andersen / Skjoett-Larsen (2009), S. 75.; vgl. dazu Eisenhardt (1989), S. 547.
103 Die Produktion arbeitsintensiver Produkte werden häufig in Niedriglohnländer ausgelagert; vgl. dazu Bremer / Udovich (2001), S. 334.

herangezogen. Diese Studien beruhen alle auf Interviews mit den Markenunternehmen, Beobachtungen der Fabriken und Befragungen von ArbeiterInnen und Management in den Produktionsstätten in China.

4.2 Unternehmensprofile der drei Computerunternehmen

Im folgenden Kapitel werden die Unternehmensprofile der drei Computerunternehmen Dell, Hewlett Packard (HP) und Acer vorgestellt. Die drei Computerhersteller eignen sich gut für die Überprüfung der Analysekriterien, da sie die drei größten der Branche sind. Den Ergebnissen der Marktforschungsfirma Gartner[104] zufolge, lag der weltweite PC Lieferumfang bei 67,2 Mio. Rechnern im ersten Quartal des Jahres 2009 (6.6 % iger Rückgang im Vergleich zum Jahr davor). Hewlett Packard liegt im weltweiten PC Markt mit 19,8 % der globalen Lieferungen im ersten Quartal 2009 in Führung und ist dabei, seinen Vorsprung auszubauen. HP verzeichnet höhere Wachstumsraten als Dell und Acer, die Platz zwei und drei im globalen PC Markt belegen. Während Acer im Gegensatz zum Vorjahr ein Wachstum seiner Lieferungen verzeichnen konnte (Wachstumstreiber sind günstige mobile PCs), ist bei Dell ein Rückgang zu erkennen. Einem Artikel der Süddeutschen Zeitung vom 16.04.2009 zufolge, leidet der US-Konzern unter der Schwäche seines Heimatmarktes, während Acer vom Boom der Mini-Notebooks profitiert. Bis zum letzten Quartal im Jahre 2008 verzeichnete der Computermarkt sechs Jahre in Folge hohe Wachstumsraten.[105]

Company	1Q09 Shipments	1Q09 Market Share [%]	1Q08 Shipments	1Q08 Market Share [%]	1Q09-1Q08 Growth [%]
Hewlett Packard	13,305	19.8	12,974	18.1	2.6
Dell Inc.	8,789	13.1	10,579	14.7	-16.9
Acer	8,758	13.0	6,911	9.6	26.7
Total	67,209	100.0	71,846	100.0	-6.5

Tab. 1: Preliminary Worldwide PC Vendor Unit Shipment Estimates for 1Q09 (Thousands of Units)[106]

Während Dell und HP amerikanische Unternehmen sind, ist Acer ein taiwanisches Unternehmen. Hinsichtlich der Technologie bestehen Ähnlichkeiten zwischen Taiwan und den USA, da viele Technologien übernommen wurden. Genauso sieht es auch beim Transfer von Fachwissen aus, da viele taiwanische Manager in den USA ausgebildet wurden, was möglicher-

---

104 Gartner Inc. ist ein weltweit führendes Forschungs- und Beratungsunternehmen im Bereich Informationstechnologie (IT): http://www.gartner.com/it/page.jsp?id=939015 Stand: 28.April 2009.
105 Süddeutsche Zeitung (2009).
106 http://www.gartner.com/it/page.jsp?id=939015 , Stand: 13.07.2009.

weise einen Effekt auf die Unternehmensphilosophie hat.[107] Dennoch sollte dieses Kriterium bei einem Vergleich der CSR Politik berücksichtigt werden.

Ein sehr wichtiges Vergleichskriterium ist, dass viele der bereits genannten Produktionsfirmen, die in der Provinz Guangdong in dem Gebiet des Pearl River Delta angesiedelt sind, die drei Unternehmen mit Komponenten und Teilen beliefern. Eine Überschneidung der Zuliefererfirmen macht die drei Unternehmen und ihre CSR Politik vergleichbar, da die gleichen lokalen Umstände gegeben sind.

4.2.1 Dell

Daten und Fakten
Michael Dell gründete 1984 mit einem Startkapital von 1000 US-$ die Dell Computer Corporation und operierte unter dem anfänglichen Namen PC's limited. Es war das erste Unternehmen, welches nach individuellen Bestellvorgaben direkt an den Kunden verkaufte (Build-to Order-Modell). 1985 wurde der erste eigene PC namens Turbo PC entwickelt. Drei Jahre später erfolgte der Börsengang des Unternehmens. Im Jahre 1989 führte Dell seinen erstes Notebook ein, welches zwei Jahre später mit Farbdisplay und erhöhter Akku-Laufzeit ausgestattet wurde. Bereits 1995 gehörte Dell zu den führenden fünf Computerherstellern der Branche. Die Kundenbezogenheit und das direkte Modell (Direct-to-Consumer Sales) des Unternehmens wurde zum Markenzeichen, als Michael Dell das Internet zur Hilfe nahm, indem er 1996 ein Internet Portal für Online Verkäufe einführte. Bereits sieben Monate nach Einführung von www.dell.com konnte das Unternehmen Einnahmen von fast 1 Mio. $ verzeichnen. In den 90ern begann auch das internationale Wachstum des Unternehmens, welches 1987 mit Großbritannien begann. Danach expandierte Dell 1990 nach Irland, um den europäischen, nahöstlichen und den afrikanischen Markt zu beliefern. Im Asien-Pazifik-Raum wurden 1993 die ersten Zweigniederlassungen in Australien und Japan errichtet und die erste Produktionsstätte 1996 in Malaysia. Danach folgten 1998 weitere Niederlassungen und Fabrikanlagen in China, Irland, USA und Brasilien und zuletzt 2006 in Polen und Indien. Das Jahr 2000 startete Dell als Marktführer und seine Wachstumsraten und Marktanteile stiegen weiter an.[108] Im dritten Quartal 2006 fiel Dell mit einen Marktanteil von 16.1% auf Platz zwei im weltweiten PC Markt zurück, nachdem das Unternehmen sechs Jahre lang Marktführer war.[109] In der zweiten Hälfte des Geschäftsjahres 2008[110] begann Dell auch Computer, Notebooks und Drucker über Einzelhandelskanäle in allen drei Regionen zu verkaufen, um den Kundenstamm zu vergrößern.[111]

---

107 Vgl. Chow (2008), S. 668 f.
108 Vgl. http://www1.euro.dell.com/content/topics/global.aspx/about_dell/company/history/history?
~ck=ln&c=de&l=de&lnki=0&s=corp, Stand: 29.05.2009.
109 Vgl. http://www.gartner.com/it/page.jsp?id=497293, Stand: 29.05.2009.
110 Der Jahresbericht und der CSR Bericht 2008 beziehen sich auf das Geschäftsjahr von Dell, 3.02.2007-
1.02.2008.
111 Vgl. Dell (2008b), S. 25.

Der Hauptsitz von Dell befindet sich in Round Rox, Texas. Von dort aus leitet Dell sein Geschäft in drei geografischen Regionen: Amerika (U.S, Kanada, Lateinamerika); Europa, Mittlerer Osten & Afrika (EMEA); und Asien Pazifik-Japan (APJ). Laut Jahresbericht 2009 betrug die Mitarbeiterzahl am Ende des Wirtschaftsjahres 09[112] insgesamt 78.900, die sich aus 76.500 Festangestellten und 2.400 vorübergehend Beschäftigten zusammensetzt (im Jahr davor waren es 88.200, mit 82.700 Festangestellten und 5.500 vorübergehend Beschäftigten)[113]. Tabelle 2 zeigt die Ergebnisse der Geschäftsjahre 2005 bis 2009[114]. Demzufolge ist der Umsatz auf 61.133 Mio. $ und das Bruttoergebnis auf 11.671 Mio. $ bis 2008 angestiegen, und daraufhin bis Januar 2009 leicht gesunken. Beim Jahresüberschuss (Überschuss der Erträge über die Aufwendungen) dagegen ist bis 2009 ein Abfall zu verzeichnen (von 3.018 aus 2.478 Mio. $), was darauf hindeutet, dass die Aufwendungen in den Jahren gestiegen sein müssen.

| | Fiscal Year Ended | | | | |
	January 30, 2009[a]	February 1, 2008[a]	February 2, 2007[a]	February 3, 2006[b]	January 28, 2005[c]
	(in millions, except per share data)				
Results of Operations:					
Net revenue	$ 61,101	$ 61,133	$ 57,420	$ 55,788	$ 49,121
Gross margin	$ 10,957	$ 11,671	$ 9,516	$ 9,891	$ 9,018
Operating income	$ 3,190	$ 3,440	$ 3,070	$ 4,382	$ 4,206
Income before income taxes	$ 3,324	$ 3,827	$ 3,345	$ 4,608	$ 4,403
Net income	$ 2,478	$ 2,947	$ 2,583	$ 3,602	$ 3,018
Earnings per common share:					
Basic	$ 1.25	$ 1.33	$ 1.15	$ 1.50	$ 1.20
Diluted	$ 1.25	$ 1.31	$ 1.14	$ 1.47	$ 1.18
Number of weighted-average shares outstanding:					
Basic	1,980	2,223	2,255	2,403	2,509
Diluted	1,986	2,247	2,271	2,449	2,568

Tab. 2: Ergebnisse der Geschäftsjahre 2005 - 2009, Dell[115]

Die Produktpalette, die das Unternehmen anbietet reicht von Computern, Notebooks, Servern und Netzwerkprodukten, (externen) Festplatten, Projektoren, Druckern und Software bis hin zum Kundendienst (Verkauf und Service). Die Anlage 6 zeigt die Nettoeinnahmen für die jeweiligen Produktkategorien. Sie weist eindeutig auf, dass die umsatzstärksten Produkte Notebooks (Mobilty) mit 31% und Computer (Desktop PCs) mit 29% des Umsatzes darstellen. CEO und Chairman ist der Unternehmensgründer Michael S. Dell.

Unternehmensstrategie

Dell vertreibt seine Produkte direkt, nachdem der Kunde per Internet, Telefon oder Fax eine Bestellung aufgegeben hat (e-Business). Bei diesem sogenannten Build-to-Order Modell fallen Einzel-, Groß- und Zwischenhändler weg und alle Computer werden nach den aufgegebenen individuellen Bestellvorgaben der Kunden gebaut. Im Gegensatz zu Unternehmen, die diese Strategie nicht verfolgen und über sehr hohe Lagerbestände verfügen (ca. 80 Tage), hat

---

112 Das Wirtschaftsjahr 09 endet am 30. Januar 2009.
113 Vgl. Dell (2009a), S. 6.
114 Die Geschäftsjahre 05-09 enden jeweils Ende Januar / Februar des genannten Jahres.
115 Dell (2009a), S. 20.

Dell einen für ca.10 Tage ausreichenden Lagerbestand. Durch den geringen Bestand hat das Unternehmen die Möglichkeit, schnell auf Innovationen zu reagieren und im Fall von sinkenden Preisen, ist der Wertverlust geringer. Durch das direkte Modell kann eine große Produktvielfalt angeboten werden, individuelle Bedürfnisse können befriedigt und Produkte trotzdem kostengünstig angeboten werden. Dadurch, dass das Unternehmen Daten und Informationen über die laufende Nachfrage im Internet für die Zulieferer zur Verfügung stellt, können diese ihren Komponentenbestand hinsichtlich der Produktionsanforderungen steuern. Der Cash Flow ist durch die Just-in-Time Produktion sehr effizient, da Zahlung und Auftrag zeitlich sehr nah beieinander liegen. Die Informationsbereitstellung erfordert zwar hohe Investitionen, dennoch kann Dell dadurch schneller auf die aktuelle Kundennachfrage reagieren als andere PC Hersteller. Weitere Vorteile des e-Business liegen darin, dass die Einnahmen für alle Teilnehmer der Supply Chain größer sind, da sie nicht mit Händlern geteilt werden müssen. Außerdem wird die Möglichkeit gewährt, dass jeder Kunde 24 Stunden am Tag Produkte kaufen kann, die Produktpaletten könnten im Handel nicht so breit angeboten werden und neue Produkte können schneller im Markt eingeführt werden.[116]

Supply Chain
Weil Dell seine Produkte nicht über Händler vertreibt, wird die Nachfrage nicht durch das Fertigwarenlager eines Einzelhandels befriedigt, sondern ein Kundenauftrag löst direkt die Produktion aus. In der dreistufigen Supply Chain, die im Folgenden abgebildet ist, sind der Pull Prozess, der Kundenauftrag und die Fertigung beim PC Hersteller. Indem Dell Komponentenaufträge an die Lieferanten unabhängig von Kundenaufträgen erteilt, also der Bestand auf Erwartungen in Kundennachfrage gestützt ist, sind nur die Beschaffungsprozesse Push Prozesse.

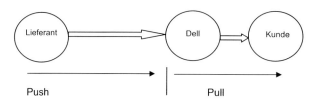

Abb. 11 : Supply Chain von Dell[117]

Dell ist weltweit in den drei bereits genannten geographischen Regionen tätig und beschafft seine Zwischenprodukte von vielen Zuliefererbetrieben auf der ganzen Welt. Wie der Anlage 7 zu entnehmen ist, ist ein Großteil (79%) der Bezüge aus Asien. Die Asien-Pazifik-Japan Region hat ihren Sitz in Singapur und deckt die asiatischen Länder im pazifischen Raum, sowie Australien, Neuseeland und Indien ab. Business Center Standorte in China sind in Dalian und Xiamen. Die Business Center sind zuständig für den Vertrieb, technischen Support und Verwaltungstätigkeiten. Das Werk für Fertigung und Distribution ist in Xiamen, das Werk für

---

116 Vgl. Chopra / Meindel (2004), S. 6; 19; 62; 530 f.
117 Vgl. Chopra / Meindel (2004), S. 535.

Design in Shanghai angesiedelt.[118] Hierhin werden die fertigen Teile und Komponenten von verschiedenen Komponenten- und Auftragsfertigern transportiert und einer Endmontage unterzogen. In den Montagewerken werden keine großen Lagerbestände gehalten, sondern sie werden ja nach Bedarf mit fertigen Teilen beliefert. Dabei wird für den bedarfsgerechten Einkauf jedes regionale Endmontagewerk durch eine Logistikfirma (Supplier Logistic Center) unterstützt. Durch die Strategie des niedrigen Lagerbestandes müssen die Zuliefererfirmen ihren Lagerbestand so verwalten, dass sie flexibel auf Nachfrageänderungen reagieren können. Produktions- und Arbeitszeiten können dabei sehr stark variieren, was durch Kurzarbeitsverträge und Überstunden der ArbeiterInnen in den Fabriken zu kompensieren versucht wird.[119]

Dell spricht auf seiner Website in erster Linie von den eigenen Montagewerken in Xiamen und Shanghai. Dennoch bezieht es die Vielzahl der Teile und Komponenten von externen Zuliefern, welche im Folgenden noch aufgezeigt werden. Die nachfolgende Abbildung soll beispielhaft die hierarchische Supply Chain von Dell abbilden. Die First Tier Supplier Lite On und Yuji gehören zur Lite-On Group, darunter sind die Subliferanten von Yuji, also die Second Tier Supplier von Dell abgebildet.

Brand company	DELL																
First tier supplier	Lite-On	Yuji															
Second tier suppliers		TERA	Lian Chen	Lu He	Shuang	Li Tong	Ming	Jia Yi	Xin Guo	Jian Xin	Mei Tai	Long Yau	Yu Tian	Bin	Yu Cun	Bei	Jin Xin

Tab. 3: Supply Chain von Dell[120]

CSR Politik

Listen, Commit, Deliver (zuhören, sich einsetzen, handeln) – diese drei Worte leiten den CSR Bericht von Dell für das Geschäftsjahr 2008 ein. Sie sollen darstellen, wie Dell die direkte Beziehung mit allen Stakeholdern pflegt, die Kunden mit weltweit führenden und energieeffizienten Produkten beliefert und die Erwartungen aller in allen Bereichen erfüllt.[121] Dabei richtet sich Dell über den Sustainability Life Cycle in vier Richtungen: Corporate Accountability (Einsatz für Mitarbeiter, Anteilseigner und Partner), Environmental Responsibilty (Einsatz für die Umwelt), Community Involvement (CSR im Umfeld) und Employee Engagement (Einsatz für Mitarbeiter). Das Diversity Management von Dell zielt auf die Förderung von Vielfalt von Kunden, Mitarbeitern und Zulieferern ab. Dell äußert in dem CSR Bericht, dass das Unternehmensziel ist, das umweltfreundlichste Technologieunternehmen auf der Welt zu

---

118 Vgl. http://content.dell.com/de/de/corp/d/corp-comm/company-worldwide.aspx, Stand: 13.07.2009.
119 Vgl. Sacom (2007), S. 7 f.
120 Sacom (2007), S. 9.
121 Vgl. Dell (2008a), S. 8.

werden. Die Umweltpolitik des Unternehmens reicht von der Reduzierung des Energieverbrauchs, zur Vermeidung umweltschädlicher Substanzen in der Produktion und Verpa-
ckung, bis hin zum Recycling Programm. In seiner Darstellung „Materials Restricted for Use"
stellt das Unternehmen dar, dass es Substanzen in allen seinen Produkten und Verpackungen
vermeiden will, die die Umwelt und die Gesundheit schädigen. Dells Materialvorschriften
basieren auf gesetzlichen Anforderungen, internationalen Verträgen und Konventionen sowie
speziellen Marktanforderungen. Zusätzlich bekennt sich Dell im Rahmen der Null-CO2-
Initiative zu einem CO2 neutralem Geschäftsbetrieb seit 2008, d.h. dass die Energie aus dem
eigenen Geschäftsbetrieb zu 100% aus regenerativen Energiequellen stammt.[122]

4.2.2 Hewlett Packard (HP)

Daten und Fakten

HP wurde 1939 von den zwei Stanford Absolventen William R. Hewlett († 2001) und David
Packard († 1996) in Palo Alto, Kalifornien gegründet. Das erste Produkt war ein Tonfre-
quenzgenerator und wurde in einer Garage in Palo Alto gebaut. Bereits im August 1947 ging
HP mit D. Packard als Präsident und W. Hewlett als Vizepräsident, 111 Angestellten und
851,287 US-$ Umsatz an die Börse. 1957 begann HP mit der Montage in dem ersten Gebäude
im Stanford Industrie Park in Palo Alto, wo auch der Hauptsitz des Unternehmens eröffnet
wurde. Zwei Jahre später leitete HP die globale Ausbreitung ein, indem es in Genf in der
Schweiz eine Vertriebsorganisation und im deutschen Böblingen eine Produktionsstätte eröffnete. In den frühen Sechzigern expandierte HP nach Asien mit einer japanischen Joint Venture und eröffnete ein weiteres Montagewerk in den USA außerhalb von Palo Alto in Love-
land, Colorado. 1964 wurde Dave Packard zum ersten CEO und Vorsitzenden, Bill Hewlett
zum Präsidenten gewählt. Nachdem das Unternehmen zunächst Test- und Messprodukte her-
stellte und seine Position mit elektronischen Produkten für die Medizin ausbaute, stieg HP im
Jahre 1966 mit seinem ersten Computer (HP 215A) in die Computerindustrie ein und brachte
zwei Jahre später den ersten wissenschaftlichen Tischrechner (HP 9100A) und 1980 den ersten Personal Computer (HP-85) auf den Markt. Nachdem 1985 die erste chinesische Joint
Venture gegründet wurde, folgten in den Neunzigern weitere Markteinführungen von tragba-
ren Computern, Farbdruckern, Fax- und Kopiergeräten und dem ersten PDA (Personal Digital
Assistant). 2002 fusionierte HP mit Compaq und belieferte mehr als eine Mrd. Kunden in
über 162 Ländern. 2005 wurde Mark Hurd Präsident und CEO, Patricia Dunn wurde zur Auf-
sichtsratvorsitzenden ernannt.[123] In den Jahren 2006 und 2007 wurden eine Reihe von Unternehmen aufgekauft und der Einfluss im Print-, PC und Softwaremarkt weiter ausgebaut. Im
dritten Quartal 2006 konnte HP erstmals mit einem Marktanteil von 16.3% (Dell: 16.1%) und

---

122 Vgl. http://content.dell.com/de/de/corp/d/corp-comm/executive-summary.aspx, Stand: 13.07.2009; vgl. dazu
    Dell (2008a), S. 8.
123 Vgl. http://www.hp.com/hpinfo/abouthp/histnfacts/timeline/, Stand: 13.07.2009.

einem Jahreswachstum von 15.4% die Position des Weltmarktführers in der Computerbranche erreichen.[124]

Die Hewlett Packard Co. hat ihren Hauptsitz in Palo Alto, Kalifornien und ist derzeit das weltweit führende Unternehmen von Produkten, Technologien, Lösungen für die Bereiche IT-Infrastruktur, Personal Computing, Drucken und Bildbearbeitung sowie von Zugangsgeräten zu Internet und Dienstleistungen der Informationstechnologie.[125] Die Mitarbeiterzahl am Ende des Jahres 2008 betrug 321.000 weltweit (im Jahr davor waren es noch 172.000).[126] Tabelle 4 zeigt die Finanzdaten der Geschäftsjahre 2004 bis 2008, die jeweils am 31. Oktober des jeweiligen Jahres enden. Die Tabelle zeigt, dass der Umsatz (Net Revenue) seit 2004 um 38.455 Mio. $ in 2004 bis auf 118.364 Mio. $ in 2008 (13 %iges Wachstum zum Vorjahr) und der Jahresüberschuss auf 8.329 Mio. $ gestiegen ist.[127]

	For the fiscal years ended October 31,				
	2008	2007	2006	2005	2004
	In millions, except per share amounts				
Net revenue	$118,364	$104,286	$91,658	$86,696	$79,905
Earnings from operations[1]	$ 10,473	$ 8,719	$ 6,560	$ 3,473	$ 4,227
Net earnings	$ 8,329	$ 7,264	$ 6,198	$ 2,398	$ 3,497
Net earnings per share					
Basic	$ 3.35	$ 2.76	$ 2.23	$ 0.83	$ 1.16
Diluted	$ 3.25	$ 2.68	$ 2.18	$ 0.82	$ 1.15
Cash dividends declared per share	$ 0.32	$ 0.32	$ 0.32	$ 0.32	$ 0.32
At year-end:					
Total assets	$113,331	$ 88,699	$81,981	$77,317	$76,138
Long-term debt	$ 7,676	$ 4,997	$ 2,490	$ 3,392	$ 4,623

Tab. 4: Ergebnisse der Geschäftsjahre 2004 - 2008, HP[128]

Die Produktpalette reicht von Computern, Peripheriegeräten, Netzwerk- und Softwareprodukten bis hin zu Taschenrechnern. Aber auch eine Vielfalt an kundenorientierten Dienstleistungen wird angeboten. Im Geschäftsjahr 2008 wurden die Unternehmenstätigkeiten in drei große Geschäftsbereiche unterteilt: Die Technology Solution Group (TSG), welche Speicher, Server, Dienstleistungen und Software beinhaltet, die Personal System Group (PSG), die von PCs und Notebooks für Geschäfts- und Privatkunden, Workstations bis hin zu Netzwerklösungen reicht und die Imaging and Printing Group (IPG), die für Bildbearbeitung, Drucker, Kopierer, Scanner und Digitalkameras steht. Finanzierungsdienstleistungen – Financial Service (HPFS) wie Leasing und Unternehmensinvestitionen gehören ebenfalls zur Unternehmenstätigkeit. Seit der Akquisition von Compaq 2002 verkauft das Unternehmen HP und Compaq Produkte.[129] Die PSG war neben den Printmedien im Geschäftsjahr 08 das umsatzstärkste Geschäftssegment, mit 36% des Umsatzes, wie der folgenden Tabelle zu entnehmen ist.

---

124 Vgl. http://www.gartner.com/it/page.jsp?id=497293, Stand: 13.07.2009.
125 Vgl. http://h41131.www4.hp.com/de/de/pr/Die_Personal_Systems_Group_PSG_der_neuen_HP.html, Stand: 13.07.2009.
126 Vgl. HP (2008a), S. 15.
127 Vgl. HP (2008a), S. 36.
128 HP (2008a) S. 36.
129 Vgl. HP (2008a) S. 3 f.

Personal Systems Group (PSG)	36%
Imaging & Printing Group (IPG)	25%
Technology Solution Grop (TSG)	ges: 38%
(HP Services: 19% , Enterprise Storage & Servers: 16% , Software: 3%)	
HP Financial Services (HPFS) & Other	1%

Tab.5: Umsatz je Segment, HP[130]

Unternehmensstrategie

HP vertreibt seine breite Produktpalette und Dienstleistungen indirekt über Dritte (Einzel- und Großhändler), aber auch direkt an Privat- und Geschäftskunden (siehe auch Unternehmensstrategie Dell). Mit dieser Kombination der Vertriebswege (Multichanneling[131]), verbindet das Unternehmen die Vorteile beider Strategien und Nachteile können ausgeglichen werden. Während bei dem Vertrieb über Einzelhändler die Höhe der Vielfalt und die Kundenbezogenheit begrenzt ist, ist die Wettbewerbsstrategie darüber definiert, wie der Kunde Lieferzeit, Produktkosten, Varietät und Qualität priorisiert. Ein Kunde, der im Einzelhandel einkauft, bevorzugt die fachliche Hilfe bei der Produktauswahl und einen schnellen Produkterwerb. Die Wettbewerbsstrategie basiert also auf den Prioritäten des Kunden und beabsichtigt Produkte anzubieten, die den Kundenbedarf von einem oder mehreren Kundensegmenten deckt. Dadurch, dass der fertige Bestand beim Händler gelagert werden muss, wird vorausgesetzt, dass die Nachfrage schon bei der Montage für jede mögliche Produktzusammenstellung vorhergesagt werden muss.[132]

Supply Chain

Neben der Build-to-Order Supply Chain (vgl. Abb.10) hat HP die sogenannte traditionelle Supply Chain, die aus vier Stufen besteht. Bei dieser vierstufigen Supply Chain, die im Folgenden abgebildet ist, wird die Nachfrage durch das Fertigwarenlager des Einzelhandels befriedigt. Der Pull Prozess findet dadurch statt, dass der Kunde das Produkt kauft. Dadurch, dass der Bestand des Fertigwarenlagers des Handels auf Erwartungen der Kundennachfrage basiert, nimmt der Push Prozess den Bestand des Einzelhandels bis hin zum Komponentenauftrag an die Lieferanten ein.

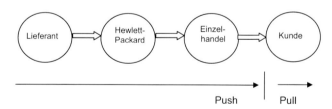

Abb.12: Traditionelle Supply Chain, HP[133]

---

130 http://www.hp.com/hpinfo/globalcitizenship/gcreport/intro/hpprofile.html, Stand: 13.07.2009.
131 Vgl. Butollo (2008b), S. 9.
132 Vgl. Copra / Meindel (2004), S. 28; 324.
133 Chopra / Meindel (2004), S. 535.

Während HP in den 90er Jahren noch in firmeneigenen Fabriken produzierte und Mitte der 90er zunehmend an erste Kontraktfertiger in Nordamerika produzierte, sind heutzutage alle Schritte von der Herstellung der Einzelteile bis zur Endmontage ausgelagert. Forschung, Marketing und ein geringer Teil der Produktion wird von HP selbst ausgeführt.[134] Seiner Website zufolge hat HP mit über 600 Zulieferern in mehr als 1200 Orten weltweit die umfassendste Supply Chain in der IT Branche. Die Zulieferer, die im Auftrag von HP in ihren Fabriken auf der ganzen Welt arbeiten, umfassen 95% der Beschaffungsausgaben (davon 75% für die Asien Pazifik Region) für Material, Komponenten und Fertigung des Unternehmens.[135] Der Anlage 8 ist eine Zuliefererliste von HP zu entnehmen.

CSR Politik
CSR wird bei HP über den Begriff Global Citizenship definiert und bedeutet im Sinne des Unternehmens die Orientierung an einem höheren Standard für Integrität, Transparenz und Verantwortung. Diese Werte sollen ein Gleichgewicht zwischen Geschäftszielen und der Verantwortung gegenüber der Gesellschaft und der Umwelt finden. Dabei nennt das Unternehmen seine Prioritäten in drei Bereichen: die Erhöhung der sozialen und ökologischen Standards entlang der Lieferkette, die Reduzierung der Umweltbelastungen durch Betriebsprozesse und die Optimierung von Produktrücknahme und Recycling. Zum Global Citizenship von HP gehören darüber hinaus die Unterstützung von Menschen- und Arbeitsrechten, strategische soziale Investitionen und der Schutz vertraulicher Daten von Kunden und Mitarbeitern. HP hat im Jahre 2002 erstmals ein SER (Social and Environmental Responsibility) Programm zur sozialen und ökologischen Verantwortung entlang der Beschaffungskette entwickelt, welches aus vier Phasen besteht und darauf abzielt, qualifizierte Lieferanten auszuwählen und langfristig beizubehalten. Außerdem fördert HP auch die Vielfalt (Diversity) seiner Zulieferkette, um Minderheiten, Frauen und Veteranen zu unterstützen.[136]

4.2.3 Acer

Daten und Fakten
Acer wurde im Jahr 1976 von Stan Shih in Taiwan unter dem Namen Multitech mit einem Startkapital von 25.000 US$ und 11 Angestellten gegründet. Das Unternehmen entwickelte zunächst Kerntechnologien in einer Joint Venture mit Texas Instruments und bezog seine Komponenten von Tochtergesellschaften so wie Acer Peripherals Inc. Im Jahre 1987 agierte das Unternehmen erstmals unter seinem heutigen Namen.[137] Danach wuchs das Unternehmen in strategischer und geographischer Sicht und wurde zum achtgrößten Computerhersteller der Welt. Mit der Einführung von Acer Aspire im Jahre 1995 wurde das Unternehmen von einem unbekannten Computerhersteller zu einem Trendsetter. Ende 2000 begann Acer die Produktion auszulagern, um sich ausschließlich auf die Entwicklung und Vermarktung von IT-

---

134 Vgl. Butollo et al. (2008a), S. 11.
135 Vgl. http://www.hp.com/hpinfo/globalcitizenship/gcreport/supplychain.html, Stand: 13.07.2009.
136 Vgl. http://h40047.www4.hp.com/unternehmen/hpinkuerze.html?jumpid=in_
    rm_r11347_de_de_tlr_cor_news-text; Stand: 13.07.2009.; vgl. dazu o.V. (b) (2005), S. 6 f.
137 Vgl. Wong (2005), S. 12.

Produkten zu beschränken und erbaute 1999 seine eigene Fabrik in Zhongshan (Provinz Guangdong). Das Unternehmen agierte zunächst als OEM und gleichzeitig als Kontraktfertiger für andere Marken. Aufgrund hohen Drucks und starken Wettbewerbs, fing Acer jedoch Ende des Jahres 2000 an, seine Marke zu fokussieren und delegierte seine Produktion an seine damalige Tochtergesellschaft Winstron Group[138] und andere Zuliefererfirmen in Taiwan und China.[139] Sieben Jahre später erreichte das Unternehmen im Zuge seines 30-jährigen Jubiläums erstmals den dritten Platz im Notebooksektor und Platz vier im PC Markt und baute im Jahre 2007 und 2008 seine Marktposition mit der Akquisitionen der Unternehmen Gateway (Oktober 2007) und Packard Bell (März 2008) weiter aus. Nach der letzten Übernahme von eMachines 2008 setzt die Acer Gruppe (Packard Bell, Gateway und eMachines) auf eine Mehrmarken-Strategie, indem es die Marken und somit die Stammkundschaft der erworbenen Unternehmen erhält.[140] Während Acer im dritten Quartal 2006 hinter Lenovo mit einem Marktanteil von 5,9 % und einem Jahreswachstum von 33,4 % (HP: 15,4%, Dell: 3,6%) belegte, konnte es bereits im ersten Quartal 2007 den dritten Platz im weltweiten PC Markt erreichen.[141]

Der Hauptsitz von Acer befindet sich in Taipeh, in Taiwan. Das Unternehmen beschäftigte laut Jahresbericht im Februar 2009 weltweit 6877 Mitarbeiter, (im Dezember 2007 waren es noch 5251 Mitarbeiter).[142] Die Tabelle 6 zeigt die Ergebnisse der Geschäftsjahre 2004 bis 2008 in NT$ (New Taiwan Dollar). Demzufolge haben sich die Umsätze in den vier Jahren mehr als verdoppelt. In US Dollar betrug der Umsatz im Jahre 2008 zum derzeitigen Wechselkurs ca. 16,6 Mrd. US-$. Auch der Jahresüberschuss lässt einen Anstieg um ein Vierfaches erkennen.

Das Produkt Portfolio von Acer reicht von Computern für Geschäfts- und Privatkunden, Notebooks, Servern und Monitoren bis hin zu Zubehör und Lösungen für Geschäftskunden. Chairman von Acer Incorporate und CEO der Acer Group ist J.T. Wang seit dem Rückzug von Stan Shih in 2005. Gianfranco Lanci ist seit 2005 Präsident.

---

138 Die Winstron Group wurde 2000 zum eigenständigen Kontraktfertiger und beliefert Acer als unabhängigen Lieferanten.

139 Wong (2005), S. 12.

140 Vgl.
   http://www.acer.de/acer/about_us.do?LanguageISOCtxParam=de&sp=page10&miu2kcond13.attN2B2F2EE F=3016&ctx2.c2att1=9&CountryISOCtxParam=DE&miu2inu24.current.attN2B2F2EEF=3016&ctx1.att21k =1&CRC=3198119443, Stand: 13.07.2009.

141 Vgl. http://www.gartner.com/it/page.jsp?id=503816, Stand: 13.07.2009.

142 Vgl. Acer (2008), S. 42.

(Unit: NT$ Thousand)

Period Item	Most Recent 5-Year Financial Information				
	2004	2005	2006	2007	2008
Operating Revenue	225,014,007	318,087,679	350,816,353	462,066,080	546,274,115
Gross Profit	27,219,303	34,121,461	38,171,313	47,418,310	57,285,660
Operating Income	3,806,657	7,648,961	7,462,446	10,185,123	14,072,302
Non-operating Income and Gain	6,742,733	7,176,374	9,266,120	6,699,671	5,353,038
Non-operating Expense and Loss	1,908,790	4,172,803	3,180,259	1,776,157	4,618,613
Continuing Operating Income before Tax	8,640,600	10,652,532	13,548,307	15,108,637	14,806,727
Income(Loss) from Discontinued Segment	0	0	0	517,866	99,843
Income after Income Taxes	7,011,661	8,477,502	10,218,242	12,958,933	11,742,135
EPS	2.86	3.48	4.20	5.33	4.72

Tab. 6: Ergebnisse der Geschäftsjahre 2004 - 2008, Acer[143]

Unternehmensstrategie

Acer verfolgt als Geschäftsmodell nur den indirekten Vertrieb, und sieht vor, ihn in Zukunft beizubehalten.[144] Die Tatsache, dass Acer nur über Händler verkauft, hat die bereits genannten Vor- und Nachteile, dennoch können bei Acer Entscheidungen schnell getroffen werden, da es nur wenige hierarchische Ebenen gibt. Hinzu kommt, dass die Treue zum indirekten Vertrieb dadurch belohnt wird, dass die großen Händler positiv darauf reagieren und die Marke bei ihrem Verkauf begünstigen.[145]

Supply Chain

Seit Ende des Jahres 2000 gab Acer seine Produktionssparte auf, um sich auf das Design und Marketing von IT Produkten und Dienstleistungen zu konzentrieren. Indem es die Produktion an eine Vielzahl von Lieferanten auslagerte, konnte das Unternehmen an Flexibilität bezüglich Inventur gewinnen und Risiken streuen.[146] Acer begann die vertikale Desintegration mit dem Verkauf seiner Mehrheitsbeteiligung bei Wistron und BenQ und demonstrierte dadurch den neu gerichteten Fokus auf seine Markenpolitik. Wenn man sich die Supply Chain von Acer ansieht (vgl. Anlage 9), ist zu erkennen, dass Komponenten von vielen verschieden Komponentenlieferanten bezogen werden, während die Montage der Endprodukte bei einigen Kontraktfertigern vollzogen wird. Das Unternehmen hält zwar immer noch einige Anteile an Kontraktfertigern, aber dennoch sind die Mehrheitsanteile an EMS Unternehmen verkauft worden. In den meisten Fällen werden die Komponenten von mehreren Zulieferern ange-

---

143 Acer (2008), S. 9.
144 Vgl.
http://www.acer.de/acer/partner.do?LanguageISOCtxParam=de&ctx2.c2att1=9&CountryISOCtxParam=DE
&ctx1.att21k=1&CRC=3624541395, Stand: 13.07.2009.
145 Vgl. Chopra / Meindel (2004) S. 95.
146 Vgl. Acer (2008), S. 122.

schafft, um die Belieferung der Komponenten bei Ausfällen anderer Lieferanten in jedem Fall zu gewähren.[147]

CSR Politik
Laut Jahresbericht 2008 baut die CSR Politik von Acer auf drei Grundsätzen auf: stabile Geschäftstätigkeiten, finanzielle Transparenz und Umweltschutz. Neben der Sorge, die das Unternehmen für seine Kunden, Angestellten und Anteilseigner trägt, stellt es vor allem die Rechte und Wohlfahrt der breiten Öffentlichkeit in den Vordergrund der CSR Politik. Nachdem das Jahr 2005 als das Jahr für Umweltmanagement und das Jahr 2006 als das Nachhaltigkeitsjahr bezeichnet wird, fokussiert die CSR Agenda für 2008 die Bereiche Energie und Klima, „grüne" Produkte, Recycling, Supply Chain Management und Berichterstattung. Der Bereich Umwelt deckt die Themen des Energieverbrauchs von Produkten, Energieeffizienz in Büroräumen, die Offenlegung von CO_2 Emissionen und die Verringerung dieser ab. Grüne Produkte bezeichnet die umweltfreundliche Produktion von Acer Produkten und Verpackungen, bishin zum Recycling derselben. Darüber hinaus gibt es ein Gesundheits- und Sicherheitsprogramm für die ArbeiterInnen und ein Supply Chain Management Programm, mit Fokus auf einer „grünen" Supply Chain. Auffällig an der CSR Politik von Acer ist der starke Umweltbezug.

4.3 Umsetzungsformen der CSR Aktivitäten

4.3.1 Codes of Conduct und Standards
DELL
Dell hat seine globalen Richtlinien aus anerkannten Standards und Managementsystemen entwickelt. Diese basieren auf der United Nation (UN) Menschenrechtserklärung, der UN Kinderrechtskonvention, den ILO Konventionen, ISO 14000 – einem Standard für Umwelt Management-Systeme, OSHAS 18001 (Occupational Health and Safety Assessment Series) – einem europäischen Standard für Gesundheit am Arbeitsplatz und Sicherheits-Management-Systeme und dem Regelsystem des UN Global Compact.[148] Folgende Richtlinien sollen in der globalen Supply Chain eingehalten werden: der EICC CoC, The Soul of Dell, der die Unternehmensphilosophie in prägnanten Punkten darstellt, und The Dell Code of Conduct. Des Weiteren wird die Einhaltung der EU Richtlinie über die Restriction on Hazardous Substances (RoHS) angestrebt. Ferner wird von allen Zulieferern Dells verlangt, dass sie alle geltenden Gesetze und Vorschriften des jeweiligen Geschäftssitzes befolgen. Existiert in Ländern keine entsprechende Gesetzgebung, sollen die Richtlinien trotzdem respektiert werden.[149]

---

147 Vgl. Acer CSR Company Profile, S. 8 f.
148 Vgl. Dell (2008a), S. 40.
149 http://content.dell.com/us/en/corp/d/corp-comm/cr-supplier-global-citizen-overview.aspx, Stand: 13.07.2009, Stand: 13.07.2009.

Einführung (DELL)

Die Implementierung der Standards wird von Seiten Dells so vorgenommen, dass bei Vertragsabschluss mit neuen Zuliefererbetrieben diese die Einwilligung unterzeichnen müssen, dass sie von den Auflagen und Richtlinien in Kenntnis gesetzt wurden und dass sie diese auch eingehalten werden. Für bereits unter Vertrag gesetzte Firmen werden bei der jährlichen Supplier Konferenz von Dell Schulungen in einer Vielzahl von Bereichen angeboten (siehe Kapitel 4.3.2). Außerdem müssen die Lieferanten schriftliche Nachweise ihres Engagements zur Implementierung der Lieferantenrichtlinien vorlegen. Dies erfolgt über ein Selbstbewertungsinstrument, in dem sie unter anderem das Schreiben zum Supplier Global Citizenship Engagement unterschreiben müssen. Im Geschäftsjahr 2008 wurden 80 Briefe an 1st Tier Supplier geschickt, mit der Forderung diese bei Befolgung des EICC zu unterschreiben. Um sicher zu gehen, dass die Materialvorschriften durch durch die Zulieferer eingehalten werden, muss die Supplier Declaration of Conformity (SdoC) durch die Zulieferer unterzeichnet werden.[150] Darüber hinaus hält sich Dell das Recht vor, zu jeder Zeit Verträge mit Zulieferern aufzulösen, sobald diese die Verpflichtungen oder die Supply Chain Management Anforderungen des Unternehmens missachten.[151] Dazu bedient sich das Unternehmen einem Supplier Risk Assessment Instrument, welches dazu dient, das Risiko bestimmter Zulieferer unter CSR Aspekten zu bewerten.[152]

Kontrolle (DELL)

Die sogenannten Business Reviews sollen alle Vierteljahre die Geschäftstätigkeiten im Hinblick auf bestimmte Performance-Indikatoren (wie z.B. Global Citizenship, sozial verantwortliches Geschäftsverhalten) der wichtigsten Zuliefererfirmen begutachten und überprüfen, und es sollen gegebenenfalls Maßnahmen zur Verbesserung eingeleitet werden. Durch Self-Audits werden die Zuliefererfirmen beauftragt, eine Selbstprüfung vorzunehmen, um dann zusammen mit dem Management von Dell jährlich eine Begutachtung mit Hilfe einer Scorecard (Wertungsliste) im Standardformat durchzuführen. Das Supply Chain Management System wird durch Geschäftsführer der Beschaffungsabteilung und vom Vorstand von Dell beaufsichtigt. Supply Chain Praktiken werden in regelmäßigen Abständen von der Geschäftsleitung begutachtet und gegebenenfalls mit dem Aufsichtsrat und dem CEO besprochen.[153] Die Kontrolle wird darüber hinaus von anerkannten externen Prüfern (3rd Audit Party) durchgeführt.[154] Dem CSR Bericht 2008 zufolge wurden im Geschäftsjahr 100% der ökologischen Netzwerk Partner geprüft, was auf die APJ Region übertragen vier 1st Tier (Dells Partner), 35 Tier 2nd und 52 Tier 3rd Zulieferer sind.[155] Von den 20 Audits, die im Jahr 2008 durch den EICC durchgeführt wurden, gehörten 14 zu Dells Zulieferern.[156]

---

150 Vgl. Tsang (2009), S. 5.
151 Vgl. http://content.dell.com/us/en/corp/d/corp-comm/supplier-principles.aspx, Stand: 13.07.2009.
152 Gemeinsam entwickeltes Implementierungs-Tool der EICC Gruppe & GeSI (Global eSustainability Initiative).
153 Vgl. http://content.dell.com/us/en/corp/d/corp-comm/supplier-principles.aspx, Stand: 13.07.2009.
154 Vgl. http://content.dell.com/us/en/corp/d/corp-comm/electronic-industry-code-of-conduct.aspx, Stand: 13.07.2009.
155 Vgl. Dell (2008a), S. 77.
156 Vgl. Chan / Peyer (2008), S. 50.

HEWLETT PACKARD

HP berücksichtigt bei seiner Strategie externe Standards und Regelungen, wie den EICC, den UN Global Compact, ISO 14000, OSHAS 18000 und SA 8000 und Umweltgesetze auf der ganzen Welt. So verpflichtet es sich zur Einhaltung der EU Richtlinie über die RoHS.[157] Darüber hinaus ist das Unternehmen Mitglied der Business Leaders Initiative on Human Rights (BLIHR), eine Initiative, die sich für die UN Menschenrechtserklärung einsetzt. Außerdem war HP das erste Unternehmen, welches einen Supplier Code of Conduct und sein eigenes Supply Chain Social and Environmental Responsibility (SER) Programm initiiert hat. Das SER Programm aus dem Jahre 2002 beinhaltet Risk Assessments, Supplier Self Assessments, On-site Audits und Capability Building Aktivitäten.[158] Laut Webseite soll mindestens die lokale Gesetzgebung durch die Lieferanten eingehalten werden, wobei HP auch deutlich macht, dass die eigene Unternehmenspolitik meist höheren Standards verpflichtet ist.[159]

Einführung (HEWLETT PACKARD)

Lieferanten müssen schriftliche Nachweise erbringen, dass sie die Zulieferrichtlinien, die bei HP mit dem EICC CoC übereinstimmen, gelesen haben indem sie die Lieferanten SER Einwilligung (Supplier SER Agreement) unterzeichnen. Die Einwilligung beinhaltet außerdem eine Zustimmung zur Umweltpolitik des Unternehmens (General Specification for the Environment - GSE).[160]

Um den EICC einzuführen, wendet das Unternehmen ein vier Phasen Management System für seine direkten Zulieferer an, welches im Folgenden abgebildet ist.

Introduction	Assessment	Validation	Continual improvement
• HP conducts preliminary risk assessment • SER requirements confirmed in contract	• Suppliers complete self-assessment • HP review and feedback	• Onside audits • Corrective action plans, if required	• Follow-up audits • Identify key education areas • build suppliers capability in key areas by building their skills, toolset and expertise

Abb. 13: HPs SER Programm[161]

In den letzten sechs Jahren haben die wichtigsten Zulieferer des Unternehmens die ersten beiden Phasen abgeschlossen, die die anfängliche Evaluierung von Seiten HPs, also die Risikoeinschätzung in der ersten Phase und die Selbsteinschätzung (Self Assessment) durch die Zulieferer selbst in der zweiten Phase umfassen. Während die dritte Phase die Kontrolle durch Audits in den Betrieben beinhaltet (s. u.), strebt die vierte Phase den Aufbau der Fähigkeiten an (Capability Building/Training). Das Unternehmen betont auf der einen Seite, dass es sei-

157 Vgl. http://www.hp.com/hpinfo/globalcitizenship/gcreport/globalcitizen/managinggc.html und
       http://www.hp.com/hpinfo/globalcitizenship/supplychain/ser_program.html, Stand: 13.07.2009.
158 Vgl. Andersen / Skoovgaard (2008), S. 3.
159 Vgl. http://www.hp.com/hpinfo/globalcitizenship/gcreport/employees.html, Stand: 13.07.2009.
160 Vgl. HP (2008c), S. 1.
161 http://www.hp.com/hpinfo/globalcitizenship/supplychain/ser_program.html, Stand: 13.07.2009.

nen Zulieferern beisteht, spricht aber auf der anderen Seite von einer „Zero Tolerance" Politik, was Zwangsarbeit und schlechte Arbeitsbedingungen in den Betrieben betrifft.[162] Mit dieser Politik stellt sich das Unternehmen auf eine Kündigung der Geschäftsbeziehungen ein, wenn Maßnahmen zur Verbesserung der Bedingungen (Aktionspläne) in den Fabriken fehlgeschlagen sind.[163]

Kontrolle (HEWLETT PACKARD)

HP führt zwei Arten von Kontrollen durch. Kontrollen durch HP Angestellte und welche, die durch externe Organisationen in Kooperation mit anderen EICC Mitgliedern, durchgeführt werden. Die Audits werden meistens vor Ort bei den Zulieferern durchgeführt, die als risikoreich hinsichtlich der Nichteinhaltung der Standards eingestuft werden (3. Phase des SER Programms). Dazu hat das Unternehmen eine Risiko-orientierte Anwendung entwickelt, um die 1st Tier Supplier in Risiko-Kategorien einzuteilen. Die Einstufung berücksichtigt das örtliche Umfeld, Fertigungsprozesse, die vertragliche Beziehung und vergangene Ausführungen. Wie der Abbildung 14 zu entnehmen ist, wird bei den Low-Risk Suppliern keine Kontrolle durchgeführt, während neue Zulieferer von vornherein als High-Risk eingestuft werden und somit kontrolliert werden müssen (Initial Audit). Zulieferer, die bereits im Vorjahr als risikoreich eingestuft wurden, müssen sich einer zweiten Kontrolle unterziehen (Follow-up Audit).[164] Die indirekte Kontrolle der Second-Tier Supplier erfolgt in der Weise, dass HPs direkte Lieferanten hinsichtlich der Prüfung ihrer eigenen Lieferanten (also HPs Sublieferanten) geschult werden. Dieses System soll dementsprechend auf die Subsublieferanten angewendet werden. Nach diesem Schema, welches dem SER Programm zuzuordnen ist, wurden über 400.000 ArbeiterInnen in den Fabriken kontrolliert.[165] Im Jahr 2008 führte HP 15 Initial Audits und 65 Follow Up Audits in 69 Fabriken in China durch.[166]

Abb. 14: Risiko-orientierte Anwendung für HPs Supply Chain SER[167]

162 Vgl. HP (2008b), S. 4.
163 Vgl. http://h41111.www4.hp.com/globalcitizenship/de/de/environment/supplychain/compliance.html, Stand: 13.07.2009.
164 Vgl. HP (2008b), S. 4.
165 Vgl. http://www.hp.com/hpinfo/globalcitizenship/gcreport/supplychain/proactive/suppliers.html, Stand: 13.07.2009.
166 Vgl. http://www.hp.com/hpinfo/globalcitizenship/gcreport/supplychain/auditresults.html, Stand: 13.07.2009.
167 http://www.hp.com/hpinfo/globalcitizenship/gcreport/supplychain/proactive/suppliers.html#china, Stand: 13.07.2009.

ACER

Acer hält an den Arbeitsgesetzen und Bräuchen der jeweiligen Länder in denen es operiert fest und teilt die OECD Ideen und Leitsätze. Neben OHSAS 18001 hat das Unternehmen TOSHMS (Taiwan Occupational Safety and Health Management System) in seinem Hauptsitz in Taipeh eingeführt. Seit Mai 2008 ist Acer Mitglied bei der EICC und hat den Kodex implementiert.[168] Das Unternehmen selbst ist ISO 9001 und ISO 14001 zertifiziert. ISO 9001 bezieht sich auf das Qualitätsmanagement und auf die qualitative Erfüllung der Kundennachfrage.[169] Von seinen 1st Tier Zulieferern setzt es die ISO 14001 Zertifizierung und spezielle Öko-Produktanforderungen voraus. Darüber hinaus sollen die Zulieferer Acers Leitlinien über eingeschränkte Substanzen in Produkten befolgen.

Einführung (ACER)

Um sicher zu gehen, dass direkte Komponentenlieferanten Produkte anbieten können, die den ökologischen Anforderungen Acers entsprechen, werden sie dementsprechend qualifiziert, nachdem sie die erste Phase, die Qualified Product Assurance Phase (QPA) beendet haben. Außerdem hat Acer im Jahr 2008 ein CSR Komitee gegründet und ein Corporate Sustainability Büro, um CSR und Nachhaltigkeitsthemen zu steuern und zu managen. Es soll die Einführung der CSR Politik ermöglichen und einem Aktionsplan folgen.[170]

Kontrolle (ACER)

Nachdem die QPA Phase abgeschlossen ist, überprüft Acer die Einhaltung der Vorschriften mit Hilfe des Compliance Assurance System (CAS), welches in zwei Ausprägungen besteht. Einerseits wird der Produkttest vorgenommen. Er beeinhaltet die Erstellung eines Produktberichts von Seiten der Lieferanten, zweifelhafte Produkte unterzieht Acer einer Probe. Andererseits führt Acer Audits vor Ort durch (Kontrollen betreffen ökologische Kriterien).[171] Das Unternehmen führte im Jahre 2008 Audits basierend auf den Ergebnissen des Self-Assessment Questionnaire (SAQ) der EICC bei ausgewählten Lieferantenbetrieben vor Ort durch.[172]

4.3.2 Training

DELL

2004 und 2005 benutzte Dell erstmals den Supplier Self Assessment Fragebogen zur Selbsteinschätzung der Zuliefererbetriebe. Damit sollen die Lieferanten den eigenen Betrieb bewerten, um Informationen über CSR Performance und Management Systemen darzulegen. Der Fragebogen dient neben der Selbstkontrolle als belehrendes Instrument, um das Bewusstsein hinsichtlich der Lieferantenprinzipien und die Implementierung von Management-Systemen zu fördern (Instrument der EICC und GeSI). 2006 rief Dell ein Projektteam zusammen, um

---

168 Vgl. Acer (2008), S. 48.
169 Vgl. http://www.acer-group.com/public/Sustainability/sustainability03.htm, Stand: 13.07.2009.
170 Vgl. http://www.acer-group.com/public/Sustainability/sustainability02.htm, Stand: 13.07.2009.
171 Vgl. http://www.acer-group.com/public/Sustainability/sustainability04.htm, Stand: 13.07.2009.
172 Vgl. Acer (2008), S. 50.

mit Angehörigen der Zuliefererunternehmen zusammenzuarbeiten. Das Team verwendete BPI-Methoden (Business Process Improvements)[173], um Verbesserungen in den Bereichen Arbeitszeiten, Umwelt, Gesundheit und Sicherheit und das EICC-Bewusstsein einzuleiten. Im Geschäftsjahr 2008 wurden die BPI Methoden auf mehr als 17 Zuliefererbetriebe ausgeweitet.

Außerdem wurden im selben Jahr zwei Schulungen (Global Citizenship Workshop) für 35 First und Second Tier Zulieferer in Shenzhen und Shanghai organisiert, um das Bewusstsein für den EICC zu fördern und Fähigkeiten aufzubauen.

„Our approach is not only to audit, but also to educate, share best practices and partner with Dell's supply base to implement the Code [EICC]."[174]

In dem ersten Workshop wurden dementsprechend die Probleme der Überstunden und der niedrigen Löhne angesprochen, während der zweite die Einführung des EICC CoC und von Kommunikationssystemen für ArbeiterInnen behandelte. Außerdem wurden beim zweiten Workshop Maßnahmen ergriffen, um falsche Personalausweise zu identifizieren und so Kinderarbeit zu verhindern.[175]

Dell fördert im Rahmen seiner Initiative zur Förderung der Vielfalt eine Gemeinschaft von Netzwerkteams, die aus Mitarbeitern mit denselben Interessen und Gemeinsamkeiten bezüglich ihrer Herkunft, Nationalität und Lebensführung bestehen. Die Netzwerkteams sollen die Kommunikation zwischen den Mitarbeitern, die gegenseitige Unterstützung und das Verständnis der Diversity fördern. Kulturübergreifende Schulungen sollen dabei alle Mitarbeiter integrieren und den Dialog fördern. Dell setzt zudem auf die Vielfalt seiner Lieferanten und schult seine Einkaufsabteilungen so, dass die Vielfalt nachhaltig gefördert wird. Das Supplier Diversity Programm bietet Mentoring und Orientierungstage für potenzielle und neue Lieferanten.[176] Darüber hinaus sind noch die regionalen Programme zu nennen, die von Gesundheits- und Wellness Teams organisiert werden. Das Wellness Programm für China beinhaltet Tipps für gesundes Essen und Erste Hilfe, Aufklärung für gesundes Verhalten und Informationen, um sich für Notfälle vorzubereiten.[177]

HEWLETT PACKARD

Die Focused Improvement Supplier Initiative (FISI) bietet monatliches Training für das Management von 30 HP Lieferanten an. Die Themen umfassen Produktivität, Arbeitsstunden, Löhne, Kommunikation mit den ArbeiterInnen, chinesische Gesetze und Regelungen, Umwelt, Gesundheit und Sicherheit und RoHS.[178] Des Weiteren startete HP 2008 in Zusammenarbeit mit der NGO SACOM ein Trainings-Programm für ArbeiterInnen des Zulieferers Chi-

---

173 BPI ist eine Methode, die Dell intern und extern in der Lieferkette einsetzt, um geschäftliche Abläufe, Produktqualität und Services zu verstehen, zu analysieren und zu verbessern, vgl. dazu http://content.dell.com/de/de/corp/d/corp-comm/commit.aspx, Stand: 13.07.2009.

174 http://content.dell.com/us/en/corp/d/corp-comm/executive-summary.aspx, Stand: 13.07.2009; Vgl. dazu Dell (2008a), S. 9.

175 Vgl. Dell (2008a), S. 18 f.; 33.

176 Vgl. http://content.dell.com/de/de/corp/d/corp-comm/culture.aspx, Stand: 13.07.2009.

177 Vgl. Dell (2008a), S. 94.

178 Vgl. http://www.hp.com/hpinfo/globalcitizenship/gcreport/supplychain/casestudies.html, Stand: 13.07.2009.

cony in China. Das Programm beinhaltete die Förderung des Bewusstseins für Arbeitsrechte, die Aufstellung einer Service Hotline, Lösungen für Arbeitsstreitpunkte und ein maßgeschneidertes Training für das stellvertretende Arbeiterkomitee.[179] Im Rahmen dieses Programms wurden mehr als 1800 ArbeiterInnen bis November 2008 trainiert. Des Weiteren wurde ein monatliches Treffen von Seiten HPs mit dem Fabrikmanagement und den Trainingspartnern vereinbart, um den weiteren Verlauf zu diskutieren und weiteren Anfragen der ArbeiterInnen nachzugehen. Für 2009 sollen die Trainingspartner weitere Trainingseinheiten einlegen, um das stellvertretende Arbeitskomitee hinsichtlich Beratung, Kommunikation und Techniken für die Organisierung von Freizeit- und Kommunikationsprogrammen zu schulen. Außerdem startete HP im selben Jahr zwei Einführungsschulungen für kleinere Zulieferer in Shenzhen und im südchinesischen Kunshan in der Provinz Jiangsu mit den Themen Kommunikation, die Anlernung von Angestellten, Umwelt, Gesundheit und Sicherheit, das SER (Social and environmental Responsibility) System und Arbeitsstunden. Zusätzlich wurde ein fortgeschrittenes Trainingsprogramm in Shenzhen mit den Themen Energieeinsparung, Produktivität und Überstunden angeboten.[180]

ACER

In einer Zuliefererkonferenz im Jahre 2008 hat Acer bekanntgegeben, dass sich die ODMs und die wichtigsten Komponentenlieferanten den Selbsteinschätzungs-Fragebogen (SAQ) der EICC beantworten sollen, um die Ausführung des CoC und um ihre soziale und ökologische Verantwortung zu verstehen.[181] Weitere Angaben werden nicht gemacht.

4.3.3 Multistakeholderdialog

Zulieferer (DELL)

Gemäß dem CSR Report wird in Zukunft eine Erweiterung der Informationsdarbietung über das Internet und die Einführung des EICC bis hin zu den Sublieferanten angestrebt. Der Bericht macht deutlich, dass das Global Citizenship Team bisher nur mit direkten Lieferanten (First Tier Supplier) hinsichtlich CSR Aktivitäten kommuniziert, indem vermerkt wird, dass 80% der Tier 1 Supplier den EICC Committment Letter unterzeichnet haben, und durch Fabrikbesuche und Meetings überprüft wurden. Es wird aber auch immer wieder darauf hingewiesen, dass diese aufgefordert werden, den EICC CoC auf ihre Lieferanten (Dells Tier 2nd Supplier) zu übertragen und sie sich auch vergewissern, dass der Kodex verstanden und angewendet wurde.[182] Bezüglich dem Diversity Programm, der Zulieferervielfalt, arbeitet Dell mit multikulturellen Geschäftsverbindungen, um in Unternehmen zu investieren, die unter der Leitung von Frauen, Minderheiten und benachteiligten Menschen liegen. Zudem legt das Unternehmen großen Wert darauf, dass Frauen und Angehörige von Minderheiten in der ganzen

---

179 Vgl. HP (2008b), S. 3.
180 Vgl. http://www.hp.com/hpinfo/globalcitizenship/gcreport/supplychain/proactive/suppliers.html#china, Stand: 13.07.2009.
181 Vgl. Acer (2008), S. 50.
182 Vgl. Dell (2008a), S.10; 14; 17; 33; 35.

Hierarchiestruktur des Unternehmens vertreten sind und als integraler Bestandteil akzeptiert werden.[183]

Zulieferer (HEWLETT PACKARD)
Für alle Angestellten führt HP regelmäßige Briefings, Meetings und jährliche Erfolgskontrollen durch. Zusätzlich gib es die Möglichkeit, über ein Web Portal das Unternehmen anzusprechen.

HP äußert sich in seinem Corporate Citizenship Report eindeutig über die Wichtigkeit des Engagements bishin zu den 2nd und 3rd Tier Supplier, da diese aufgrund der Tatsache, dass sie kleiner sind, „[...] often lack the recources or expertise to proactively meet higher social and environmental standards."[184] Auf Grund dessen entwickelte HP zusammen mit der Danish Commerce Richtlinien, die den 1st Tier Suppliern dabei helfen sollten, die Umsetzung bei den kleineren Zulieferern zu verbessern. Die Einbeziehung kleinerer Zulieferer wird als Cascade Effect (Wasserfall Effekt) bezeichnet und soll die Standards über die gesamte IT Supply Chain durchsetzen.[185]

Zulieferer (ACER)
Das Unternehmen macht deutlich, dass es nur 1st Tier Zulieferer mit bestimmten ökologischen Bedingungen unter Vertrag stellt. Es gibt keine weiteren Informationen bezüglich des Dialoges mit ihnen.

NGOs und Öffentlichkeit (DELL)
Seit 1998 veröffentlicht Dell auf seiner Website einen Umweltbericht, der 2003 erstmal auch soziale Aspekte (mit Teilen der Sustainability Reporting Richtlinien der Global Reporting Initiative [GRI]) beinhaltete. Seit 2008 trägt der Bericht den Namen Corporate Social Responsibility Report. Er ist ein wichtiges Instrument, um Transparenz herzustellen, denn er enthält umfassende Angaben über die CSR Politik des Unternehmens. Zusätzliche Dokumente, in denen man sich Einblicke in die Politik des Unternehmens verschaffen kann, sind der EICC, die unternehmensspezifischen Codes of Conduct (in 17 Sprachen verfasst) und viele weitere Dokumente und Briefe auf die man über die Homepage des Unternehmens Zugang hat.

Dell äußert sich auf seiner Website, dass es in Kontakt mit Dritten und NGOs tritt, wenn es dies als notwendig erachtet, um die Implementierung und Beaufsichtigung seiner Lieferantenprinzipien zu gewähren. Im Geschäftsjahr 2008 weist es die Zusammenarbeit mit zahlreichen NGOs auf, darunter Ceres, Clean Production Action Business for Social Responsibility, The Climate Group und SACOM.[186] Zusätzlich wurden die Workshops durch Präsentationen von diversen NGOs und einem Forschungsinstitut unterstützt und Fabrikkontrollen mit Hilfe

---

183 Vgl. http://content.dell.com/de/de/corp/d/corp-comm/commitment.aspx, Stand: 13.07.2009.
184 HP (2008b), S. 5.
185 Vgl. HP (2008b), S. 5.
186 Vgl. Dell (2008a), S. 4.

von ERM (Environmental Recources Management) durchgeführt. ERM ist ein Anbieter für Beratungsdienstleistungen für ökologische und soziale Themen.[187]

Darüber hinaus nimmt das Unternehmen auf seiner Internetseite Stellung zur Partnerschaft mit dem Kunden: „Unserer Meinung nach ist es für unsere Kunden entscheidend, mit dem Kauf unserer Produkte die Umwelt zu schützen."[188] Deshalb nimmt Dell an Green Procurement (Beschaffungs-) Programmen teil, die seine Produkte mit Öko-Labeln auszeichnen, und somit den Kunden in das Umweltmanagement einbeziehen. Zu nennen sind hier das Electronic Product Environmental Assessment Tool (EPEAT), ein System welches Computer, Notebooks und Monitore nach 23 verbindlichen und 28 optionalen ökologischen Fertigungskriterien bewertet. Außerdem war Dell Gründungsmitglied des Programms ENERGY STAR, welches Computer, Notebooks, Monitore und Drucker zertifiziert. Neben dem Schwedischen Eco-Label TCO (Swedish Confederation of Professional Employees) und dem deutschen Label Blauer Engel ist die China Energy Conservation Program (CECP) Zertifizierung, welche Mindestanforderungen für die öffentliche Beschaffung in China enthält, zu nennen.[189] Seit März 2007 müssen Produzenten in China alle Produkte und elektronische Geräte mit RoHS Informationen auszeichnen. Neben der Zusammenarbeit mit NGOs und Kunden arbeitet Dell mit der chinesischen Regierung zusammen und nimmt an der chinesischen RoHS Standard Arbeitsgruppe teil.[190] Die Initiative zur Förderung der Vielfalt hat das Ziel, alle möglichen Kundengruppen weltweit zu erreichen und multikulturelle Märkte erschließen zu können. Bezüglich seiner Zulieferer lehnt Dell es ab, eine Liste dieser zu veröffentlichen, weil dies Wettbewerbsnachteile nach sich ziehen würde.[191] Nur die Zulieferfirma Wistron wird in den CSR Bericht 2008 aufgenommen.

NGOs und Öffentlichkeit (HEWLETT PACKARD)
In seinem Global Citizenship (GC) Bericht, den das Unternehmen seit 2002 veröffentlicht, weist HP eindeutig darauf hin, dass es in seiner Strategie und Planung die Kundenerwartungen berücksichtigt, die es durch Studien, Ausschreibungen, Industrieanalysen und anderen Quellen erfasst. Neben seiner sehr ausführlichen Homepage, die sogar die Ergebnisse der Kontrollen veröffentlicht, bietet das Unternehmen seinen Kunden die Möglichkeit, über die Call Center und die Betreuung über das Internet Kontakt aufzunehmen. Darüber hinaus war HP der erste führende PC Produzent, der seine Computer mit 80% ergiebiger Energieversorgung unter den vorgeschriebenen ENERGY STAR 4.0 Richtlinien anbietet. Somit kann der Stromverbrauch um fast die Hälfte verringert werden.

---

187 Vgl. Dell (2008a), S. 34; 81.
188 Dell (2008a), S. 9.
189 Vgl. http://content.dell.com/us/en/corp/d/corp-comm/earth-products-standards.aspx, Stand: 13.07.2009.
190 Vgl. Dell (2008a), S. 52.
191 Vgl. van Dijk / Schipper (2007b), S. 52.

Des Weiteren wird angegeben, dass das Unternehmen Stakeholderbelange über NGOs und das Stakeholder Advisory Council (SAC)[192] berücksichtigt. Das SAC wurde 2007 gegründet, um den Dialog, Feedback und Anregungen zu fördern.[193] Auf Empfehlung des SAC veröffentlichte HP im April 2007 sogar als erstes IT Unternehmen eine Liste seiner Zulieferer im Rahmen seines Global Citizenship Berichtes. Die Liste umfasst Zulieferer, die mehr als 95% der Beschaffungsausgaben für Material, Bauteile und Montage ausmachen. Die Liste enthält Contract Manufacturers, EMS und ODM Anbieter und Rohstofflieferanten und wurde seitdem immer wieder aktualisiert. (Siehe Anlage 8).

Als 2007 die holländische NGO SOMO einen Bericht veröffentlichte, der die Schwierigkeiten in der Zulieferkette für Festplattenlaufwerke in Südostasien darstellte, reagierte HP darauf, indem es IDEMA (International Disk Drive Equipment and Materials Association) half, sechs Capability-Building Trainings für hunderte von Fabrikmanagern in dieser Gegend zu organisieren.[194] Diese Multi-Stakeholder Initiative wird geleitet durch FIAS (Foreign Investment Advisory Service) und schloss die Regierung, Zivilgesellschaft, Industrieverbände und Unternehmen ein. Teilnehmer waren neben FIAS, die EICC, GeSI, die Shenzhen Electronic Industry Association und andere Stakeholder.[195] Ältere Engagements mit NGOs aus dem Jahre 2005 waren mit CAFOD, CEREAL (Center for Labour Reflection), der ETI, ILO und dem WWF (World Wildlife Fund).[196]

NGOs und Öffentlichkeit (ACER)

Bezüglich der Transparenz hat Acer neben seinem Jahresreport im Jahre 2005 einen Kommunikationskanal für Umweltthemen eingeführt, der eine E-Mail Adresse, Homepage und Umweltberichte enthält. Auf diesen Weg möchte das Unternehmen seine Umweltpraktiken der Öffentlichkeit darlegen und mit Umweltorganisationen kommunizieren. Um den Energieverbrauch bei Produkten zu verbessern, wurde Acer zum Sponsor Partner der Climate Saver Computing Initiative (CSCI) und nimmt an der Supply Chain Leadership Collaboration (SCLC) teil, einem Projekt, welches sich für die Reduzierung von Treibhausgasemission einsetzt. Ende 2008 veranstaltete Acer sein erstes CSR Forum zum Thema „globale Herausforderung zur nachhaltigen Entwicklung". Im Rahmen dieser Veranstaltung lud Acer internationale und inländischer CSR Stakeholder ein, wie z.B. EICC, Greenpeace, SOMO, Workers Assistance Center (WAC) und externe Unternehmen mit bedeutender CSR Ausführung, wie Sony Delta Electronics und Foxconn. Das Forum ermöglichte es Acer, die Meinung und Empfehlungen der Stakeholder zu sammeln und diese in zukünftige CSR Strategien einzuführen. Zudem konnten Beziehungen aufgebaut werden, die auf gegenseitigem Verständnis und Re-

---

192 SAC besteht aus NGO Stellvertretern (z.B. WWF – World Wildlife Fund) und leitenden HP Angestellten aus allen Geschäftsbereichen; vgl. dazu
http://www.hp.com/hpinfo/globalcitizenship/gcreport/globalcitizen/stakeholder/advisory.html, Stand: 13.07.2009.

193 Vgl. http://www.hp.com/hpinfo/globalcitizenship/gcreport/globalcitizen/managinggc.html, Stand: 13.07.2009.

194 Vgl. http://www.hp.com/hpinfo/globalcitizenship/gcreport/supplychain/proactive/suppliers.html#china, Stand: 13.07.2009.

195 Vgl. http://www.hp.com/hpinfo/globalcitizenship/gcreport/supplychain/casestudies.html, Stand: 13.07.2009.

196 Vgl. van Dijk / Schipper (2007c), S. 21.

spekt basieren. Neben der Kommunikation mit NGOs betont Acer die Wichtigkeit der Kundenbeziehungen. Acer strebt an, Kundenerwartungen zu erfüllen und ließ sich dies mit ISO 9001 zertifizieren.[197] Darüber hinaus wurden 2007 71,3% der Notebooks, fast 40% der Computer und 100% der LCD Monitore mit dem Label ENERGY STAR ausgezeichnet.[198]

4.4 Tabellarischer Vergleich der Umsetzungsformen

4.4.1 Ergebnisse externer Studien

Im Folgenden sollen externe Studien herangezogen werden, um zu überprüfen, ob die Unternehmen die Maßnahmen in ihren Zuliefererbetrieben durchführen, wie sie es in ihren Jahres- und CSR Berichten angeben bzw. ob die Maßnahmen zur Verbesserung der Situation in den Fabriken geführt haben. Um die Umsetzung in der Praxis zu überprüfen ist es sehr hilfreich, einige Zuliefererbetriebe der fokalen Unternehmen zu kennen. Mit Hilfe einiger Studien der NGOs SOMO, SACOM, WEED, PC Global, etc. ließen sich einige Betriebe in China identifizieren, die die großen Markenfirmen beliefern. Folgende Tabelle zeigt die gemeinsamen Lieferanten.

Ort	Zulieferfirma	Herstellerunternehmen		
		Dell	HP	Acer
Dongguan	Ltd. Tyco Electronics	√	√	
	Lite On Electronics	√	√	√
	Lite On Computer Technology	√	√	√
	Lite On Xuji	√	√	√
	Primax Electronic Products Ltd	√	√	
	Meitai Plastics & Electronics	√	√	
Zhongshan	Volex Cable Assembly Co. Ltd.	√	√	
	Aopen		√	√
Shenzhen	Yonghong	√*		√
	Foxconn (ODM)	√	√	√
Huizouh	Compeq Manufacturing	√	√	
Jiangmen	Gloryfaith		√	

Tab. 7: Chinesische Zuliefererfirmen der drei Markenunternehmen

Besonders interessant ist die Lite On Group und der ODM Foxconn, da sie alle drei Unternehmen beliefern. Bezüglich der Zulieferfirma Yonghong, ist zu erwähnen, dass Dell den Vertrag mit Yonghong im November 2006 nach der Veröffentlichung der Studie von SACOM kündigte. In Bezug auf den Lieferanten Gloryfaith, äußert sich HP, dass es seine Komponenten nicht direkt bezieht, sondern dass es sich bei Gloryfaith um einen 3rd Tier Supplier

---

197 Vgl. Acer (2008), S. 48.
198 Vgl. http://www.acer-group.com/public/Sustainability/sustainability04.htm, Stand: 13.07.2009.

handelt.[199] Die tabellarische Auswertung der Zuliefererfirmen im Detail ist der Anlage 11 zu entnehmen. Die Tabelle wurde mit Hilfe von acht Studien erstellt. Die älteste Studie stammt aus dem Jahr 2006, die jüngste wurde im Februar 2009 veröffentlicht, was entsprechend gekennzeichnet wurde, um Entwicklungen und Veränderungen zu verdeutlichen. Zwar sind die Studien teilweise zwei Jahre älter als die Jahresberichte der Unternehmen, was aber an der Aussagekraft nicht viel ändert, da die Erstellung der Jahres- und CSR Berichte zum Teil ein Jahr in Anspruch nimmt. Darüber hinaus bekräftigen die jüngsten Studien, dass sich an der Situation in den letzten Jahren kaum etwas geändert hat.

Anlage 11 zeigt die Ergebnisse im Detail, werden aber in Tabelle 8 noch einmal zusammenfassend dargestellt. Sie zeigt, dass in allen Zuliefererbetrieben, Überstunden geleistet werden müssen. Diese belaufen sich auf 80-200 Überstunden im Monat und sind unter- bzw. unbezahlt. Nach chinesischem Gesetz sind höchstens 36 Überstunden im Monat erlaubt (vgl. dazu Anlage 10). Hinsichtlich der Bezahlung werden zwar die lokalen Mindestlöhne für die Basisstunden (8 Std.) eingehalten, trotzdem sind die Löhne sehr niedrig. Sie reichen von 520 RMB[200] bis zu 1400 RMB (mit Überstunden), was umgerechnet ca. 55€ - 147€ monatlich sind. Von diesem schon sehr geringen Lohn werden die Kosten für Unterkunft und Verpflegung abgezogen. Diese Kosten belaufen sich meistens auf 90 – 300 RMB, also 10-30 Euro pro Monat für die Kantine und meistens 70 RMB, also ca. 7 Euro für die Übernachtung. Im schlechtesten Fall bleiben dann nur noch ca. 18€ übrig. Was Gesundheit und Sicherheit am Arbeitsplatz betrifft, gibt es in fast keiner der Fabriken Sicherheitstrainings für den Umgang mit Chemikalien oder Schutzbekleidung (Mundschutz, Augenschutz, Handschuhe). Dies führt zu Verletzungen, Haut- und Augenreizungen. Nur in der Fabrik Compeq und Tyco Electronics gab es Versicherungen für die ArbeiterInnen. Was den Kenntnisstand dieser über Verhaltenskodizes betrifft, ähnelt er der Situation bezüglich der Bildung von Gewerkschaften. Die ArbeiterInnen wissen zu wenig über ihre Rechte, den EICC CoC oder den unternehmesspezifischen CoCs. In der Firma Lite On sind Gewerkschaften zwar erlaubt, dennoch weiß kein Arbeiter was unter dem Begriff zu verstehen ist. Hinzu kommt, dass sich die Situation in keiner der Fabriken seit der ersten Studie im November 2006 signifikant verbessert hat. Eine Ausnahme ist die Kinderarbeit in der Fabrik Yonghong, die nach Veröffentlichung der oben genannten Studie abgeschafft wurde. Darüber hinaus wurde bei Volex der monatliche Essensgeldabzug abgeschafft und Tyco gibt seinen Angestellten eine Kopie der Arbeitsverträge. Neben diesen Verbesserungen fällt positiv auf, dass HP in der Zulieferfirma Primax in März 2005, Dezember 2006 und im April 2008 und bei Tyco im Mai 2006 und im Juni 2007 Audits durchgeführt hat. HP ist das einzige Unternehmen, welches im Rahmen der Studien positiv erwähnt wird. Tyco ist somit der einzige Lieferant, dessen Fabrikmanagement von dem EICC weiß, nicht jedoch die ArbeiterInnen der Fabrik. Nachfolgend sind die Ergebnisse in einer Tabelle zusammengefasst:

---

199 Vgl. van Dijk / Schipper (2007c), S. 32.
200 Renminbi Yuan ist die Währung der Volksrepublik China. Die internationale Abkürzung nach ISO 4217 ist
    CNY, in China wird RMB verwendet, das Symbol ist ¥ .

Bewertungskriterium	Jahr d. Studie	Zulieferfirmen							
		Youghong	Gloryfaith	Primax	Tyco	Volex	Lite On Gruppe	Compeq	Meitai
Kenntnisse über den CoC oder EICC	vor 2007	k.A.	k.A.	keine	k.A.	k.A.	k.A.	k.A.	k.A.
	nach 2007	keine	k.A.	Audits bekannt	Fabrikmanagement	keine	keine	keine	keine
Vorhandensein von Gewerkschaften	vor 2007	k.A.	k.A.	k.A.	k.A.	k.A.	vorhanden, aber	k.A.	k.A.
	nach 2007	k.A.	k.A.	k.A.	k.A.	k.A.	kein Verständnis	k.A.	keine
Diskriminierung	vor 2007	hohe Frauenquote	Männer besser bezahlt	k.A.	k.A.	k.A.	k.A.	k.A.	k.A.
	nach 2007	hohe Frauenquote		k.A.	k.A.	k.A.	k.A.	k.A.	hohe Frauenquote
Bewegungsfreiheit	vor 2007	eingeschränkt	unter Beobachtung	k.A.	k.A.	k.A.	k.A.	k.A.	k.A.
	nach 2007	eingeschränkt	unter Beobachtung	k.A.	k.A.	k.A.	k.A.	k.A.	sehr eingeschränkt
Arbeitsverträge	vor 2007	simon. Probezeit	simon. Probezeit	Kurzarbeitsverträge	Kurzarbeitsverträge	k.A.	k.A.	k.A.	k.A.
	nach 2007	schwierig zu kündigen	k.A.	keine Vertragskopie	k.A.	k.A.	schwierig zu kündigen	keine Kopie	keine Kopie
Löhne	vor 2007	4-6 RMB Std	2,5 RMB Std	5,74 RMB M brutto	bis 900 RMB M	5,74 RMB M	690 RMB M	630 RMB M	64 Scent Std
	nach 2007	4-6 RMB Std	späte Auszahlung	6-8 RMB f Überstd	1300 RMB M	900-1400 RMB M	690 RMB M	630 RMB M	
Arbeitsstunden	vor 2007	7 Tage, 13 Std T	6-7 Tage, 12 Std T	26 T.M, 11 Std T	k.A.	6-7 Tage, 11 Std T	6-7 Tage, 10-12 Std T	k.A.	7 Tage, 12 Std T
	nach 2007	6-7 Tage, 11 Std T	6-7 Tage, 12 Std T	5-7 Tage, 11 Std T	5-7 Tage, 10-14 Std T	6-7 Tage, 10-12 Std T	6-7 Tage, 10-12 Std T	7 Tage, 12 Std T	7 Tage, 12 Std T
Gesundheit und Sicherheit	vor 2007	keine Maßnahmen	keine Maßnahmen	k.A.	k.A.	k.A.	k.A.	k.A.	Arzt vorhanden
	nach 2007	keine Maßnahmen	keine Maßnahmen	keine Maßnahmen	keine Maßnahmen	keine Maßnahmen	keine Maßnahmen	keine Maßnahmen	k.A.
Ernährung	vor 2007	schlechte Qualität	schlechte Qualität	161 RMB	120-200 RMB	110 RMB	90-200 RMB	k.A.	schlechte Qualität
	nach 2007	bis 180 RMB	k.A.	232 RMB	120-200 RMB	freiwillig, dort zu essen	90-200 RMB	k.A.	k.A.
Unterkunft	vor 2007	50-60 RMB	wenig Platz	wenig Platz	wenig Platz	70 RMB, angemeldet	wenig Platz, Lärm	wenig Platz	wenig Platz
	nach 2007	k.A.	wenig Platz, kostenlos	WC & Dusche vorh.	wenig Platz, kostenlos	Wasser & Elektrizität	wenig Platz, kostenlos	k.A.	k.A.
Zwangsarbeit	vor 2007	bei Kindern-Überstd	Überstunden gerw.	Überstunden gerw.	k.A.	k.A.	k.A.	k.A.	k.A.
	nach 2007	k.A.	keine Indizien	keine Indizien	keine Indizien	k.A.	keine Maßnahmen	k.A.	k.A.
Quoten und Bestrafung	vor 2007	vorhanden	Ja (bis 300 RMB)	Ja (Geldbußen)	k.A.	k.A.	Ja (Gehaltsabzug)	Ja (Gehaltsabzug)	k.A.
	nach 2007	k.A.	Ja (bis 500 RMB)	Ja (Geldbußen)	k.A.	k.A.	k.A.	k.A.	Kündigung, Geldbuße
Versicherung	vor 2007	keine	keine	k.A.	Versicherung vorhanden	k.A.	k.A.	k.A.	k.A.
	nach 2007	keine	keine	k.A.	k.A.	k.A.	k.A.	Versicherung vorh.	keine
Täuschung der Auditoren	vor 2007	Fälschung v. Dokum.	k.A.	k.A.	k.A.	Täuschung	k.A.	k.A.	k.A.
	nach 2007	k.A.	k.A.	k.A.	k.A.	k.A.	k.A.	k.A.	k.A.
Kinderarbeit	vor 2007	200 Kinder < 16 J.	k.A.	k.A.	k.A.	k.A.	k.A.	k.A.	k.A.
	nach 2007	bis 2008 Kinderarb	keine	keine Indizien	k.A.	k.A.	k.A.	k.A.	k.A.

Tab. 8: Zusammenfassung der externen Studien[201]

---

201 Vgl. Anlage 11.

4.4.2 Ergebnisse der eigenen Studie

Die Ergebnisse aus Kapitel 4.3. sind in der folgenden Tabelle zusammengefasst. Auffällig ist, dass Acer vor allem auf ökologische Aspekte wert legt (Green Supply Chain) und kaum soziale Themen einbezieht. Soziale Themen werden nur durch den EICC CoC berücksichtigt, den Acer erst 2008 angenommen hat. Durch diese späte Einsicht in soziale Verantwortung ist es nicht verwunderlich, dass Acer kaum Aktivitäten bezüglich des Trainings und Dialogs mit den Zulieferern nachweisen kann. Das Unternehmen veranstaltete lediglich ein CSR Forum im Jahre 2008. Acer schneidet auch sehr schlecht bei den anderen CSR Instrumenten ab, und ist immer stark auf die ökologischen Aspekte fokussiert. Die Unterschiede zu den beiden amerikanischen Unternehmen sind sehr groß, wobei HP noch das umfassendste CSR Programm aufweisen kann. Neben der Veröffentlichung seiner Zuliefererliste, bietet es auf seiner Homepage einen CSR Bericht von enormem Umfang an. Dell zeigt sich zwar auch sehr vorbildlich, aber bezüglich einiger Aspekte fehlt noch die Umsetzung. Die Tabelle 9 enthält die Angaben ja/nein, bei Informationen, die explizit aus den CSR Berichten hervorgehen. Bei dem Kürzel k.A. ist davon auszugehen, dass es an der Umsetzung mangelt, dennoch kann die Umsetzung nicht völlig ausgeschlossen werden, weil das Unternehmen hierzu keine konkreten Angaben gemacht hat. Falls nicht anders vermerkt, handelt es sich bei den Angaben um das Jahr 2008.

		Dell	HP	Acer
Guidelines und Standards				
	ILO Kernarbeitsnormen	ja	ja	k. A.
	UN Global Compact	ja	ja (seit 2002)	k. A.
	OECD Leitsätze	k. A.	k. A.	ja
	UN Menschenrechtskonventionen	ja	ja	k. A.
	OHSAS 18001 Zertifizierung	ja	ja	ja
	Präferenz der Lief. m. SA8000	k. A.	ja	k. A.
	AA1000	k. A.	nein	nein
	GRI	ja	ja	ja
	ISO 14001 Zertifizierung	ja	ja	ja
Codes of Conduct				
	EICC Mitglied	ja (Gründungs-mitglied)	ja (Gründungs-mitglied)	ja (2008)
	GeSI Mitglied	nein	ja	nein
	BSCI Mitglied	nein	nein	nein
	FLA Mitglied	nein	nein	nein
	ETI Mitglied	nein	nein	nein
	unternehmensspezifische CoC	ja	nein	nein
	soziale Aspekte	EICC & Unter-nehmens CoC	EICC	EICC
	ökologische Aspekte	EICC & Unter-nehmens CoC	EICC	EICC
	Lieferantenaspekte	Lieferanten-prinzipien	ScoC = EICC CoC	k. A.
Implementierung		schriftliche Nachweise	schriftliche Nachweise	
		Vertrags-bedingung	Vertrags-bedingung	Vertrags-bedingung
Kontrolle in der Supply Chain		14 Audits (2008)	129 Fabriken (80 chin.)	k. A.
Monitoring:	Self Monitoring	ja (jährlich)	Self Assessment (SAQ)	SAQ/CAS
	by OEM	ja (QBR)	ja	On Site Audits
	by Third Professionals	ja (ERM)	ja (ERM)	k. A.
	by NGOs	ja	k. A.	k. A.
Instrumente:	Interviews	ja	Self Assessment	Self Assessment
	Prüfung v. Dokumenten	Personalaus-weise	k. A.	k. A.
	Inspektion vor Ort	ja	ja	ja
	qualitative Verfahren	Checkliste	Risk Assess-ment	Fragebogen

	Training			
Inhalte:	CSR Awareness	Self Assessment / BPI	Workshop	Self Assessment
	Verständnis CoC	Zwei Schulungen für 35 Zulieferer in China	ja	ja
	für Management	ja	ja	k. A.
	für Arbeiter	2. Workshop	ja	k. A.
Themen:	Rechte	Überstunden	ja	k. A.
	Lohnkalkulation	Löhne	ja	k. A.
	Umwelt	ja	ja	k. A.
	Umgang m. Chemikalien	ja	ja	k. A.
	Beschwerdeverfahren	Kommunikationssysteme	Hotline eingerichtet	k. A.
	Schutzmaßnahmen	ja	ja	k. A.
	Soft Skills	Diversity, Kommunikation	Kommunikationsprog.	nein
	Bewertung & Problemlösung	k. A.	Arbeitsstreitpunkte	nein
Zusammen arbeit:	NGOs	diverse	SACOM/FISI (2007)	ja
	Forschungs-& Bildungseinrichtungen	Forschungsinstitut	k. A.	nein
	Regierung	ja	k. A.	nein
	Dialog			
Zulieferer:	Kommunikationskanäle	Internet wird ausgebaut	Service Hotline	k.A.
			Meeting, Web Portal	
	Zufriedenheitsmessungen	k. A.	k. A.	nein
	strategische Partnerschaft	k. A.	k. A.	nein
	Reichweite 2nd und 3rd Tier	gut/wird angestrebt	sehr gut	nein
NGOs & Öffentlichkeit	Kooperation	ja	Trainingsprogramm	k. A.
	Berichterstattung	umfassend	Sehr umfassend	wenig (viel ökolog.)
	Labelling	Energy Star & viele mehr	Energy Star	Energy Star

Tab. 9: Zusammenfassung der eigenen Studie

5. Fazit – Interpretation der Ergebnisse

5.1 Beurteilung der Umsetzung von CSR Maßnahmen

Zwar reagierten HP und Dell auf die Studie „High Tech – no Rights" sehr konstruktiv, indem sie die Missstände in den Zuliefererbetrieben teilweise bestätigten und Kontrollen in Aussicht stellten (2007), dennoch ist nach Prüfung der Folgestudien festzustellen, dass sich seitdem wenig an der Situation geändert hat. Acer reagierte damals auf die Briefe der Konsumenten so, dass alle Einsendungen ohne Kommentar zurückgeschickt wurden.[202] Dies gibt die Bewertung der Umsetzung der CSR Maßnahmen durch die Markenunternehmen wieder. Nämlich, dass die insbesondere von HP und Dell kommunizierten CSR Maßnahmen nicht den angestrebten Erfolg bringen.

Unter den drei Computermarken nimmt HP seine gesellschaftliche Verantwortung bezüglich der CSR Instrumente am besten wahr. So hat das Unternehmen als einziges einige seiner Zulieferer veröffentlicht, darunter auch die in Kritik geratenen Firmen Lite-On, Tyco, Primax, Volex und Compeq.[203] Zusätzlich wurden in 80 chinesischen Fabriken mit Hilfe von Experten Kontrollen durchgeführt und die Ergebnisse auf der Homepage veröffentlicht. Hinzu kommt, dass HP mehrere Trainings durchgeführt und dabei mit verschiedenen NGOs zusammengearbeitet hat. Dell kann auch als sehr gesellschaftlich verantwortungsvoll handelnd gesehen werden. So hat das Unternehmen den Vertrag mit Yonghong gekündigt, als dort Kinderarbeit festgestellt wurde. Ferner hat das Unternehmen im Geschäftsjahr 2008 zwei Global Citizenship Workshops und mehrere Kontrollen in chinesischen Zuliefererbetrieben mit Hilfe zahlreicher NGOs, Forschungseinrichtungen und der EICC durchgeführt. Im Gegensatz zu HP beabsichtigt Dell nicht eine Liste seiner Zulieferer zu veröffentlichen.

Auf die Studie des National Labor Committees reagierten Dell und HP mit einem Brief im Februar 2009, die beide die Aussage enthalten, dass der Zulieferer Meitai kein direkter Lieferant sei, sondern lediglich ein Sublieferant. Die Unternehmen würden aber mit den direkten Lieferanten von Meitai zusammenarbeiten, um Konformität zu erzielen.[204] Die Briefe geben die Politik der Unternehmen wieder. Demnach ist die Bereitwilligkeit auf die Studien zu reagieren oder Fragebögen zu beantworten sehr hoch und auch die CSR- und Jahresberichte der beiden Unternehmen sind sehr umfassend. Dennoch reicht die CSR Politik nur bis zu den direkten Lieferanten und wobei sie noch bis zu den Sub- und Subsublieferanten weiter ausgebaut werden müsste, anstatt sich der Verantwortung zu entziehen. Über das Engagement von Acer gibt es nicht sehr viel zu sagen. Folglich veröffentlicht das Unternehmen lediglich einen relativ kurzen Jahresbericht, wobei sich die Bereitwilligkeit, auf Fragen zu antworten, sehr in

---

202 Vgl. Arnold (2008), S. 4 f.
203 Vgl. Anlage 8.
204 Vgl. HP (2009); Dell (2009b).

Grenzen hält.[205] Zumindest hat Acer die Mitgliedschaft zum EICC im Jahre 2008 angetreten. Im Unternehmen selbst hat Acer 2008 ein CSR Komitee gegründet, um die Einführung des Verhaltenskodizes zu managen. Des Weiteren führte Acer erste Audits mit Unterstützung des EICC durch. Außerdem sind Trainings in Planung. Acer ist auf einem guten Weg gesellschaftlich verantwortungsvoll zu handeln, allerdings kann das Unternehmen noch lange nicht bei dem mithalten, was die beiden amerikanischen Unternehmen leisten.

Trotz der recht positiven Umsetzung von CSR Instrumenten durch HP und Dell, ist die Situation in den Zuliefererbetrieben jedoch eine andere. Es werden zwar in den meisten Fabriken die gesetzlich vorgeschriebenen Mindestlöhne an Werktagen eingehalten, dennoch werden Überstunden an Werktagen, Wochenenden und Feiertagen größtenteils nicht zu den geltenden Bestimmungen ausgezahlt. Die Arbeitszeiten sind in allen untersuchten Zuliefererfirmen sehr hoch und da Schutzmaßnahmen und Schulungen weitestgehend fehlen, sind Gesundheitsrisiken nach wie vor vorhanden. Zwar konnte nach jüngsten Angaben (2008) festgestellt werden, dass Yonghong Electronics aufgrund des öffentlichen Drucks die Kinderarbeit abgeschafft hat, dies ist dennoch nicht direkt auf den Einsatz der Abnehmerfirmen zurückzuführen. Dell hat den Vertrag lediglich gekündigt, um nicht mit Kinderarbeit in Verbindung gebracht zu werden, anstatt aktiv vor Ort etwas gegen die Beschäftigungspolitik der Fabrik zu tun.[206]

5.2 Kritik und Ausblick

Wie die Studie deutlich gemacht hat, lagern Unternehmen ihre Supply Chain in Niedriglohnländer wie China aus. Die Gründe sind primär, Lohnkosten zu senken und Wettbewerbsvorteile zu erzielen. Die Suche nach billigen Arbeitskräften geht aus der Motivation hervor, günstige Produkte zu verkaufen um den Kundenstamm zu vergrößern, damit Profit erzielt werden kann. Dies ist die grundlegende Annahme eines Marktsystems, welches auf Wettbewerb basiert. Dennoch stellt sich die Frage: Wie weit dürfen die Firmen bei der Senkung der Kosten gehen? Viele würden sagen, soweit, dass den FabrikarbeiterInnen der Minimallohn ausbezahlt werden kann. Aber ist der Minimallohn auch ein existenzsichernder Lohn?[207]

Die Gründung der EICC und die Verabschiedung eines gemeinsamen Kodizes war zwar ein wichtiger erster Schritt, der zeigt, dass große Computermarken die Kritik zu den Arbeitsbedingungen in Entwicklungsländern angenommen haben und dass sie mitverantwortlich für die Verbesserung der Situation in ihrer Supply Chain sind. Dennoch weist auch der Kodex deutliche Lücken auf. So fehlt zum Beispiel in dem Abschnitt zur Versammlungsfreiheit durch den Zusatz „in accordance with local laws" das Recht auf kollektive Verhandlungen, da in China Gewerkschaften unterdrückt werden. An dieser Stelle sollte dagegen direkt auf die ILO Konventionen 87 und 98 hingewiesen werden. Natürlich weist der EICC CoC, wie jedes Gesetz noch weitere Lücken auf, die beispielsweise Formulierungen („minimum wages"[208]) oder Zu-

---

205 Vgl. van Dijk / Schipper (2007a), S. 19.
206 Vgl. Arnold (2008), S. 5.
207 Vgl. Krueger (2008), S. 114.
208 EICC Code, Standard 4) Wages and Benefits.

sätze („except in emergency or unusual situations"[209]) verursacht werden.[210] Dies verdeutlicht, dass selbst eine Implementierung des Kodizes noch nicht ausreicht, um Verbesserungen in den Fabriken zu erreichen. Des Weiteren wirft es die Frage auf, inwiefern CSR überhaupt in einem Land wie China umgesetzt werden kann. Neben dem Verbot von Gewerkschaften, schreibt das Gesetz so niedrige Mindestlöhne vor, dass die ArbeiterInnen gerne bereit sind, Überstunden zu leisten. Darüber hat die Untersuchung gezeigt, dass die Täuschung von Auditoren keine Ausnahme ist. So führt selbst die Anwendung von CSR Instrumenten nicht unbedingt zu einer Verbesserung der Situation.

Die Literatur spricht oft davon, dass sich die Erwartung vieler Konsumenten vor allem westlicher Nationen dahingehend verändert hat, dass sie bei dem Kauf darauf achten, ob ethische und ökologische Standards bei der Produktion des gekauften Gutes eingehalten werden. Aber ist der Schaden des Markenimages wirklich so ausschlaggebend für das Kaufverhalten der Menschen? Und selbst, wenn dies der Fall ist, reicht dieses Kaufverhalten aus, damit die großen Markenfirmen den starken Preisdruck auf ihre Zuliefererfirmen senken? Eine Tendenz des verantwortungsvollem Kaufverhalten sogenannter Bioprodukte in der Lebensmittelindustrie ist bereits deutlich zu erkennen. Aber was ist mit den Konsumenten, die drei Stunden vor Ladenöffnung vor Elektronikmärkten oder Discountern stehen, um ein Schnäppchen zu ergattern? Und wenn mit dem Slogan „Geiz ist Geil" oder „Wir hassen teuer" geworben wird, wird eine Änderung des Kaufverhaltens nicht gerade gefördert.[211] Ein Lösungsansatz wäre beim öffentlichen Einkauf zu finden. So kaufen beispielsweise öffentliche Einrichtungen jährlich ca. ein fünftel aller in Deutschland verkauften IT-Geräte. Ende 2008 haben 130 Städte und Gemeinden in Deutschland den Beschluss gefasst, unter Beachtung sozialer und ökologischer Kriterien einzukaufen. Nicht nur das hohe Auftragsvolumen, sondern auch die Vorbildfunktion für andere Länder und private Personen werden vielleicht erste Veränderungen in diesem Bereich bewirken.

Die derzeitige Finanzkrise und ihre Auswirkungen auf die Wirtschaft, führt mit Sicherheit nicht zu einer Änderung des Kaufverhaltens. Erschwerend kommt hinzu, dass viele Fabriken in China geschlossen wurden, was den Druck auf die ArbeiterInnen sicher verstärkt hat. Es wäre wünschenswert, wenn große Markenfirmen die Finanzkrise nicht als Vorwand nehmen, weniger in CSR zu investieren, sondern im Gegenteil, durch CSR Maßnahmen Gewinne zu erzielen, um für verbesserte Verhältnisse in der gesamten Beschaffungskette zu sorgen.

---

209 EICC Code, Standard 3) Working Hours.
210 Vgl. Peyer / Füri (2007), S. 22 f.
211 Vgl. Butollo (2008b), S. 4.

Anhang

A 1: The Added-Value Chain[212]

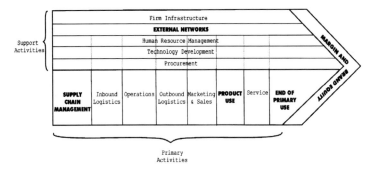

A 2: Supply and Value Chain Mapping[213]

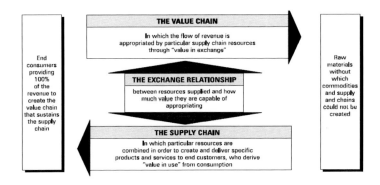

---

212 Mc Phee / Wheeler (2006), S. 41.
213 Cox (1999), S. 174.

A 3: Produktionsstruktur der IKT-Industrie[214]

A 4: Kontraktfertiger[215]

Die 10 führenden Kontraktfertiger der Elektrobranche

Herkunftsland	Umsatz (in Mrd. US-$)	Produktionsstandorte	Wichtigste Kunden
Flextronics/USA	13.822	55% Asien, 23% Europa, 10% Nordamerika, 12% Lateinamerika	HP
Solectron/USA	11.144	45% Asien, 13% Europa, 30% Nordamerika, 12% Lateinamerika	HP
Foxconn (HonHai)/Taiwan	10.899	70% Asien, 20% Europa, 10% Nordamerika, 0% Lateinamerika	Dell, Apple, Sony, Cisco, HP
Sanmina-SCI/USA	10.795	33% Asien, 24% Europa, 24% Nordamerika, 19% Lateinamerika	Dell, IBM, HP
Quanta/Taiwan	8.576	Taiwan, China, Tschechische Republik u. a.	HP, Dell, Fujitsu-Siemens, IBM, Acer, Apple, Sony
Celestica/Kanada	6.735	47% Asien, 17% Europa, 25% Nordamerika, 11% Lateinamerika	HP
Asustek/Taiwan	5.747	Taiwan, Tschechische Republik u. a.	k. A.
Jabil Circuit/USA	5.170	USA, Taiwan, China u.a.	Dell, HP
Compal/Taiwan	4.760	China	Dell, HP, Fujitsu-Siemens, Acer, Apple, Toshiba
Mitac/Taiwan	4.564	Taiwan, China u. a.	Compaq

Quelle: Electronic Business und eigene Zusammenstellung von PC-Global, Zahlen von 2003

---

214 Völpel (2007), S. 12.
215 Bormann (2007), S. 8.

A 5: Bruttowert der Industrieproduktion in Guangdong 2007[216]

Industrial Output Value of 9 Industries	Gross Output (RMB bn)	Proportion (%) in the Gross Industrial Output above Designated Size
Nine Industries	3,887.9	71.6
Three Fresh Industries	2,692.9	48.7
...Electronic Information	1,337.7	24.02.09
...Electric Equipment and Special ...Purposes Equipment	850.2	15.04.09
...Petroleum and Chemistry	505.0	09.01.09
Three Traditional Industries	763.3	13.08.09
...Textile and Garments	304.4	05.05.09
...Food and Beverage	237.5	04.03.09
...Building Materials	221.4	01.04.00
Three Potential Industries	431.7	07.08.09
...Logging and Papermaking	131.1	02.04.09
...Medicine	43.2	0.8
...Motor Vehicle	257.4	04.07.09

A 6: Nettoeinnahmen Dell[217]

	January 30, 2009		
	Dollars	% of Revenue	% Change (in
Net revenue:			
Mobility	$ 18,638	31%	7%
Desktop PCs	17,244	29%	(12%)
Software and peripherals	10,603	17%	7%
Servers and networking	6,275	10%	(3%)
Services	5,715	9%	7%
Storage	2,626	4%	8%
Net revenue	$ 61,101	100%	(0%)

216 http://info.hktdc.com/mktprof/china/prd.htm, Stand: 13.07.2009.
217 Dell (2009a), S. 26.

A 7: Dell's Supply Chain[218]

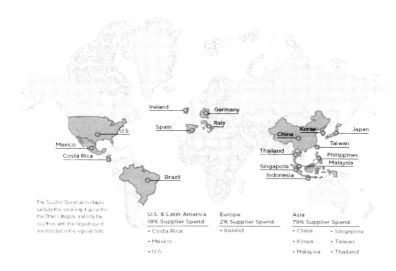

<hr />

ACCTON TECHNOLOGY	MICROSOFT
ADVANCED MICRO DEVICES	MICRO-STAR INTERNATIONAL CO., LTD.
AMPHENOL	MITAC INTERNATIONAL CORP.
AMTEK	MITSUMI ELECTRIC CO., LTD.
ATHEROS TECHNOLOGY	MOLEX
AU OPTRONICS CORP.	MULTEK
AVAGO TECHNOLOGIES LIMITED	MURATA MANUFACTURING COMPANY, LTD.
AVOCENT	NANYA TECHNOLOGY
BESTEC POWER ELECTRONICS CO., LTD.	NATIONAL SEMICONDUCTOR CORPORATION
BROADCOM	NEC ELECTRONICS AMERICA, INC.
BROCADE COMMUNICATIONS	NIDEC CORPORATION
CANON	NIPON MINATURE BEARING (NMB)
CELESTICA	NVIDIA CORPORATION
CELLEXPERT	NXP SEMICONDUCTORS
CHI MEI OPTOELECTRONICS CORPORATION	ON SEMICONDUCTOR LTD
CHICONY ELECTRONICS CO., LTD.	OVERLAND STORAGE, INC.
CISCO	PANASONIC
COMPAL ELECTRONICS	PEGATRON (ASUS)
COMPEQ	PHILIPS
CREATIVE SENSOR INC.	PIONEER
CYPRESS SEMICONDUCTOR	PRIMAX
DELTA ELECTRONICS	PROMOS TECHNOLOGIES
DOT HILL	QIMONDA
DYNAPACK INTERNATIONAL TECHNOLOGY CORPORATION	QISDA
EATON	QLOGIC
ELPIDA MEMORY, INC.	QUALCOMM, INCORPORATED
EMERSON ELECTRIC	QUANTA COMPUTER LNC
EMULEX CORPORATION	QUANTUM
FAIRCHILD SEMICONDUCTOR	RAMAXEL TECHNOLOGY
FCI	RITTAL
FLEXTRONICS	SAMSUNG
FONG KAI	SANMINA-SCI
FREESCALE	SANYO ELECTRIC CO., LTD.
FUJITSU	SEAGATE TECHNOLOGY
GEMTEK	SIMPLO TECHNOLOGY CO., LTD.
GOLD CIRCUIT ELECTRONICS	SMART MODULAR TECHNOLOGIES
HITACHI	SONOCO
HON-HAI	SONY
HYNIX SEMICONDUCTOR INC.	STL
INTEL	SUN MICROSYSTEMS, INC.
INVENTEC	TATUNG
JABIL	TDK CORPORATION
KEMET	TEXAS INSTRUMENTS
KINPO	THIN FILM TECHNOLOGY
KYOCERA	TOP VICTORY INVESTMENTS LIMITED
LG	TOSHIBA
LITE-ON	TYCO ELECTRONICS
LSI	VENTURE CORP. LIMITED
MACRONIX EUROPE NV	VOLEX
MARVELL SEMICONDUCTOR	WESTERN DIGITAL
MAXIM INTEGRATED PRODUCTS INC	WISTRON
MICRON	

A 8: HP Suppliers, Stand: 31. März 2009[219]

A 9: Supply Chain von Acer[220]

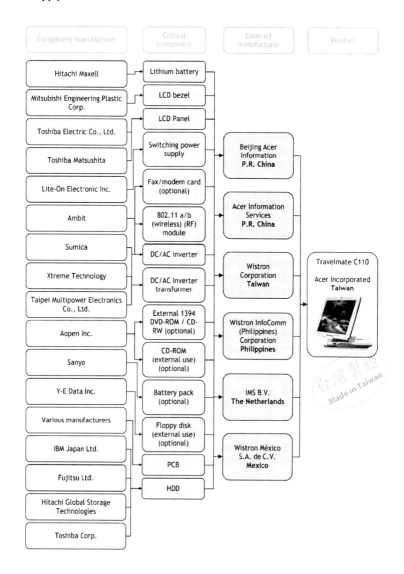

220 van Dijk / Schipper (2007a), S. 18.

A 10: Chinas Arbeitsgesetz[221]

Bereich	Gesetzgebung
Arbeitstage pro Woche	6 Tage
Arbeitszeit täglich	8 Stunden
Arbeitszeit wöchentlich (durchschnittlich)	11 Stunden
Befristete Beschäftigungsverhältnisse	Nach 10 Jahren Umwandlung in unbefristetes Beschäftigungsverhältnis
Diskriminierungsverbot	vorhanden
Feiertage	mindestens ein gesetzlicher Feiertag
Gesundheit & Sicherheit	Training für die Arbeit mit Chemikalien und Sicherheitsauflagen
Kündigungsfrist	30 Tage für beide Seiten
Kündigungsschutz	keine Kündigung bei Arbeitsunfähigkeit durch Berufskrankheit o. Arbeitsunfall Schwangerschaft oder Stillzeit
Lohnauszahlung	monatlich in Geld
Mindestbeschäftigungsalter	16 Jahre
Mutterschutz	90 Tage nach der Geburt
Probezeit	Max. 6 Monate
Sozialversicherung	Arbeitgeber- und Arbeitnehmeranteil
Sozialversicherung Leistungsbereiche	Ruhestand, Krankheit o. Verletzungfähigkeit, Arbeitslosigkeit, Kindesgeburt
Streikrecht	nicht vorhanden
Überstunden max.	36 pro Monat (an 12 Tagen darf die max. Arbeitszeit von 11 h ausgeschöpft werden); Schutz vor Überstunden für Arbeiter zwischen 16-18 Jahren
Überstundenbezahlung	150% des Arbeitslohns, Arbeit am Ruhetag 200%, an Feiertag 300%
Urlaubsanspruch	nach einem Jahr
Urlaubsdauer	Mindestens 5 Tage, Zuwachs bei zunehmender Beschäftigungsdauer
Vereinigungsfreiheit	Unabhängige Gewerkschaften sind illegal, sie müssen Mitglied des ACFTU (All-China Federation of Trade Unions) sein

---

221 Lübcke (2007), S. 72.

A 11: Ergebnisse externer Studien

Zulieferfirma	CoC & Standards (Awareness)	Gewerkschaften	Diskriminierung	Bewegungsfreiheit
Yonghong	C^1AW		A^1D C^1D	A^1B C^1B
Gloryfaith	B^2AW C^2AW		B^1D	B^1B a^1B
Primax Electronic Products Ltd	C^1AW			
Ltd. Tyco Electronics	C^1AW			
Volex Cable Assembly Co. Ltd.	C^4AW			
Lite On Electronics	C^4AW	C^6G		
Lite On Computer Technology	C^5AW			
Lite On Xuji	C^5AW			
Compeq Technology	D^aw			
Meitai Plastics and Electronics	E^aw	E^G	E^D	E^B

CoC & Standards (Awareness)	Gewerkschaften	Diskriminierung	Bewegungsfreiheit
B^2AW keine Kenntnis über die EICC / CoCs		A^1D hohe Frauenquote	A^1B sehr eingeschränkt z.B.: an einem Fließband darf einer von 100 aufs WC
		B^1D Männer werden besser bezahlt	B^1B 24h Kameras
C^1AW keine Kenntnis über die EICC / CoCs		C^1D 85% Frauen	a^1B 24h Kameras
C^2AW den Arbeitern sind die Fabrikbesuche bekannt (z.B durch HP); Primax Manager willigten ein, am FISI Programm teilzunehmen (Focused Improvement Supplier Initiative)			C^1B Sitze der Arbeiter sind fix auf gelber Linie, dürfen nicht verschoben werden
C^3AW es gibt ein LiteOn SER Programm, aber Arbeiter kennen weder ihre Rechte, noch wissen sie etwas über die EICC / CoCs	C^3G Gewerkschaft vorhanden, aber Arbeiter verstehen den Sinn nicht, kennen nicht den Vorsitz		
C^4AW keine Kenntnis über SER, EICC, CoC			
C^5AW keine Kenntnis über SER, EICC, CoC			
C^6AW Audit durch HP; Kenntnis vom EICC des Fabrikmanagements; Arbeiter wissen nichts			
C^7AW wissen nichts über die EICC / CoCs; HP führt Monitorings und Trainings durch			
D^aw keine Kenntnisse über die EICC / CoCs			
E^aw Auditoren waren eher an Produktqualität interessiert, als an der Einhaltung der Codes	E^G bei Diskussion über die Arbeitsbed.folgt Kündigung; Flyer sind verboten; kennen das Wort „union" nicht	E^D hauptsächlich Frauen ab 18 Jahren	E^B Fabrik ist abgeschlossen, Spaziergänge verboten, Unterhaltungen und Herumschauen verboten

Zulieferfirma	Arbeitsverträge	Löhne	Arbeitsstunden
Yonghong	A^{1A} C^{1A}	A^{1L} B^{5L} b^L (c^{1L}) C^{1L}	A^{1h} B^{5h} b^h (c^{1h}) C^{1h}
Gloryfaith	B^{1A}	B^{1L} a^{1L}	B^{1h} a^{1h}
Primax	B^{2A} C^{2A}	B^{2L} a^{2L} (c^{2L}) C^{2L}	B^{2h} a^{2h} (c^{2h}) C^{2h}
Tyco	B^{3A}	B^{3L} C^{3L}	B^{3h} a^{3h} (c^{3h}) C^{3h}
Volex		B^{4L} a^{4L} (c^{4L}) C^{4L}	B^{4h} a^{4h} (c^{4h}) C^{4h}
Lite On Electronics	C^{4A}	C^{4L}	C^{3h}
Lite On Technology	C^{4A}	C^{4L}	C^{4h}
Lite On Xuji		C^{5L}	C^{5h}
Compeq	D^A	D^L	D^h
Meitai	E^A	E^L	E^h
	A^{1A} 3 monatige Probezeit	A^{1L} 27-32 RMB/T, 700 RMB/M (mit Überstd.)	A^{1h} insgesamt: 13h/T; 300-370h/M, Keinen Tag Pause in der Woche --> 7 Tage (T) die Woche m. 5 Überstd./T
	B^{1A} 3 monatige Probezeit	B^{1L} 520 RMB/M Basislohn 20 RMB für 8 h/Tag (26T/M)	B^{1h} unterbezahlte Überstd.(3-5RMB), 11-12 Stunden (h)/T, 26 T/Monat (M)
	B^{2A} Kurzarbeitsverträge (Einjahresverträge)	B^{2L} 574 RMB/M Netto: ca 390 (unterbezahlt)	B^{2h} 80-100 Überstunden/M 11h/T, 6 Tage/W, zu 19% unterbezahlt, 2-3 Überstunden/T -->insges.11/T
	B^{3A} 2 monatige Probezeit Einjahresverträge / Kurzarbeitsverträge	B^{3L} 574 (legal)	B^{3h} Überstunden legal bezahlt
		B^{4L} 600-900 RMB (mit Überst.)	B^{4h} 10,5h + 3 Überstunden am Tag, zum Teil 7 Tage-Woche, 100-140 Überstunden/Monat
		B^{4L} 574 RMB 800-900 (mit Überstd.)	B^{5h}: nicht bezahlte Überstunden, (1500berh/M), teilw. 7 T/Woche (W). Insgesamt: 296- 374 h/M
		B^{5L} 4-6 RMB/h (in Shenzhen 6-8 RMB legal)	
		a^{1L} Einbehaltung des Lohnes einen Monat lang	a^{1h} unterbezahlte Überstd.: 3-5 RMB, (legal wären 5,12 RMB), 2-4 Überstunden/T + Sa. & So.
		a^{2L} 700-800 RMB/M (mit Überstunden) (unterhalb des legalen Minimums)	a^{2h} 11h/T, 5-7 T/W 3h Überstunden + Sa & So 168 h/M basis+80-100 Überstd.
			a^{3h} 2-4 Überstunden
		a^{4L} 800-900 RMB/M (inklusive Überstd.), wie a1L	a^{4h} 2,5 Überstd./T, insges.: 10,5/T , 6-7 T/W
		b^L 4-6 RMB/h (legal: 6-8 RMB)	b^h 150 Überstunden /M alles darüber wird nicht bezahlt; 7 T/W, insges. bis zu 374 h/M (legal:210h)
		c^{1L} siehe b^L	c^{1h} siehe b^h
		c^{2L} siehe a^{2L}	c^{2h} siehe a^{2h}

Zulieferfirma	Arbeitsverträge	Löhne	Arbeitsstunden
		c^{3L} siehe a^{3L}	c^{3h} siehe a^{3h}
			c^{4h} siehe a^{4h}
	C^{1A} Probleme mit der Anerkennung v. Kündigungen	C^{1L} Basis: 700/M legales Minimum Shenzen: 750 RMB ? unterhalb des legalen Minimums	C^{1h} 3 Überstunden/T, 6-7 Tage. Insgesamt 100-200 Überstunden/M; unterbezahlte Überstd.,nur die ersten 3 Std werden bezahlt, danach unbezahlt
	C^{2A} keine Kopien der Arbeitsverträge für die Arbeiter (Verstoß Artikel 16 des Arbeitsvertragsgesetzes)	C^{2L} Basis: 690 RMB/M Überstunden 6-8 RMB/h, an Feiertagen 10 RMB	C^{2h} 168 Arbeitsstd (8h/T, 22 T/M) + 80-100 Überstunden (auch Sa&So)
	C^{3A} Kündigungen werden während der Hauptsaison nicht akzeptiert (wenn Arbeiter trotzdem kündigen, wird ein großer Teil des Lohnes einbehalten)	C^{3L} Basis: 690 RMB/M Überstunden: 6-8 RMB/h	C^{3h} 100-200 Überstunden/M, 7 Tage-Woche, mehr als 10 Std/Tag; unterbezahlte Überstunden an Samstagen und Sonntagen
	C^{4A} Arbeitssuchende zahlen 500-600 RMB, um anfangen zu dürfen; Frauen, zahlen 200	C^{4L} Basis: 690 RMB/M Überstunden: 6-8 RMB/h	C^{4h} 8h/T, 2-3 Überstd., Samstag u. Manchmal Sonntag Hauptsaison 100 Überstd/M
		C^{5L} 650 RMB/M, Überstd. Sa&So: 6RMB/h	C^{5h} 10-12 h/T (inklusive 2-4 Überstd), 100 Überstd./M
		C^{6L} 1300 – 1400 RMB/M mit Überstunden	C^{6h} 2-4 Überstunden/T + 8Std./T 100-150 Überstunden im Monat
		C^{7L} späte Zahlung per Banktransfer 1100-1300 RMB/M (mit Überstunden)	C^{7h} 80-110 Überstunden (weniger als 2 Jahre zuvor 10-12 Std am Tag, 7 Tage Woche
	D^A keine Kopie der Arbeitsverträge; 3 monatige Probezeit	D^L 26 RMB/T, 565RMB/M in der Probezeit, 29 RMB /8 Std. Tag 630 RMB /M m. Überstd.: 900-1400RMB. Zahlung erst Ende des Folgemonats	D^h 8h + 4 Überstunden, 5-6 T/W während der Hauptsaison 7 T/W a. 100 Überstd. Im Monat
	E^A keine Kopie der Arbeitsverträge; Kurzarbeitsverträge	E^L 64 cent/h, nach Abzug der Ausgaben 41 c/h; 57$ / Woche mit Überstd. 287$ für 319h mit 151 Überstunden 6-8 RMB/h	E^h 12h/T, 7 Tage die Woche, 87h/W, 34 Überstunden/W (136/Monat) danach Säuberung der Anlage (unbezahlt), 2 Tage frei im Monat; nimmt sich jd. den Sonntag frei, kriegt er den Lohn von 2 ½ Tagen nicht ausbezahlt

Zulieferfirma	Gesundheit & Sicherheit*	Ernährung	Unterkunft	Zwangsarbeit
Yonghong	$A^{1G\&S}$ $B^{5G\&S}$ $b^{G\&S}$ ($c^{1G\&S}$) $C^{1,3G\&S}$	A^{1E} C^{1E}	A^{1S}	A^{1Z} B^{5Z} b^{Z} (C^{1Z})
Gloryfaith	$B^{1G\&S}$ $a^{1G\&S}$	B^{1E}	B^{1S} a^{1S}	a^{Z}
Primax	$C^{2G\&S}$	B^{2E} C^{2E}	B^{2S} C^{2S}	B^{2Z} a^{2Z}
Tyco	$C^{4G\&S}$	B^{3E} a^{3E} (c^{3E})	B^{3S} a^{3S} (c^{3S}) C^{4S}	a^{3Z}
Volex	$C^{1G\&S}$	B^{4E} C^{1E}	B^{4S} C^{1S}	
Lite On Electronics	$C^{1G\&S}$	C^{3E}	C^{3S}	
Lite On Technology	$C^{4G\&S}$	C^{4E}	C^{4S}	
Lite On Xuji	$C^{5G\&S}$	C^{5E}	C^{5S}	
Compeq	$D^{G\&S}$		D^{S}	
Meitai	$E^{G\&S}$	E^{1}	E^{S}	

Gesundheit & Sicherheit*

$A^{1G\&S}$ unbezahlter Urlaub bei Krankheit, kein Sicherheitstraining, kein Mundschutz, gesundheitliche Schäden vom Sitzen, Augenprobleme, Verletzungen durch Schnitte

$B^{1G\&S}$ keine Schutzbekleidung, keine Gesundheitschecks, kein Training, Hautreizungen durch Chemikalien

$B^{5G\&S}$ keine Schutzbekleidung

$a^{1G\&S}$ kein Training für der Umgang mit Chemikalien, keine Schutzbekleidung? -Hautprobleme, Einatmen gefährlicher Substanzen

$b^{G\&S}$ keine Schutzbekleidung, was zu Verletzungen der Hände, Augen und anderen Körperteilen führt

$c^{1G\&S}$ siehe $b^{G\&S}$

Ernährung

A^{1E} schlechte Qualität & unhygienisch. Abzug vom Lohn für das Essen (120-180 RMB)

B^{1E} Essen vom Lohn abgezogen (172RMB)

B^{2E} 161 RMB, 5,2 RMB /T

B^{3E} 120-200RMB/m, schlechte Qualität (Würmer und Dreck)

B^{4E} 102 RMB/M wird vom Lohn abgezogen, auch wenn man nicht dort isst

a^{3E} schlechte Qualität, kostet 25% vom Lohn

Unterkunft

A^{1S} 50-60 RMB, 6 Etagen für 1000 Arbeiter, 12 Personen teilen sich einen Raum; mit Waschplatz, kein heißes Wasser

B^{1S} 10-20 Personen/ Raum

B^{2S} 60RMB, 20 Pers./Raum

B^{3S} 10-12 Pers / Raum überfüllt, laut aber dafür Freizeitangebote und hygienische Vorschriften.

B^{4S} als angenehm bezeichnet, aber 70RMB

a^{1S} kostenlos, 10-12 Pers., begrenzte Zahl an Bädern

a^{2S} 15-20 Pers./Raum hygienisch aber viel Lärm, 60 RMB/M

a^{3S} 10-12 Pers./Raum, laut & überfüllt

Zwangsarbeit

A^{1Z} Kinder werden gezwungen

B^{1Z} Überstunden sind nicht freiwillig

B^{2Z} Überstd. nicht freiwillig

a^{1Z} keine Indizien für Zwangsarbeit

a^{2Z} wie a^{1Z}

a^{3Z} wie a^{1Z}

b^{Z} "unskilled" Kinder müssen 1,5 Überstd./T machen (ohne Bez.)

c^{1Z} siehe b^{Z}

Zulieferfirma	Gesundheit & Sicherheit*	Ernährung	Unterkunft	Zwangsarbeit
		c^{3E} siehe a^{3E}	c^{2S} siehe a^{2S} c^{3S} siehe a^{3S}	c^{22} siehe a^{22}
	$C^{1G\&S}$ Haltungsschäden (Nacken, Rücken, Schultern), keine Schutzbekleidung, kein Schutztraining über Chemikalien	C^{1E} 120-180 RMB/M, schlechte Qualität, schlechte Hygiene		
	$C^{2G\&S}$ Rückenschmerzen, schmerzende Augen, Muskelbelastung, Stress	C^{2E} Kosten gestiegen auf 7,5 RMB	C^{2S} 12-14 Personen/Raum 20qm mit 7 Etagenbetten, Toilette, Dusche, Heizer	
	$C^{3G\&S}$ keine Schutzbekleidung, Haltungsprobleme vom 11h Stehen, hohe Temperaturen am Arbeitsplatz, vorgekommene Geistesstörung und Selbstmord (Psychologe gestellt), kein Arbeitssicherheitstraining für Nutzung d. Chemikalien	C^{3E} 195 RMB/M	C^{3S} 12 Pers./Raum; WC, Dusche, Lüfter, 50 RMB/M, Schlafsaalregeln, Strafe bis 45 RMB	
	$C^{4G\&S}$ kein Sicherheitstraining, obwohl im selben Jahr ein Feuer ausgebrochen ist und 14 Fließbänder zerstörte	C^{4E} 150-200 RMB/M	C^{4S} 16 Personen /Raum, 60 RMB/m	
	$C^{5G\&S}$ kein Programm, um die Gefahren zu identifizieren und zu kontrollieren, wissen nichts über die Chemikalien; müssen 12 Std. stehen? Rückenschmerzen, angeschwollene Beine, Einatmen von Chemikalien ohne Mundschutz, es gibt Handschuhe	C^{5E} 90 RMB/M drei Mahlzeiten / T	C^{5S} 16 Personen /Raum teilen Toilette, Duschraum Lärm in der Nacht	
	$C^{6G\&S}$ Arbeit mit Klebstoffen, tragen keine Handschuhe um schneller zu arbeiten, um das Tagessoll zu erfüllen, keine Gesundheitscheck ups, es gibt Augentropfen, weil sonst die Augen anschwillen würden, kein Sicherheitstraining, keine Schutzmasken	C^{6E} 2-5 RMB/Mahlzeit 350 RMB / Monat schlechtes Essen Würmer, Sand	C^{6S} 9 Schlafgebäude 10-12 Personen / Raum, Badezimmer, Duschen, Freizeitangebote TV Raum keine extra Kosten! Lärm	
	$C^{7G\&S}$ angeschwollene Hände & Blasen keine Handschuhe	C^{7E} 102 RMB/ M, nicht mehr vom Lohn abgezogen wenn man nicht isst	C^{7S} 10-12 Personen / Raum außerhalb der Fabrikanlage 70 RMB / M + Wasser u Elektrizität	
	$D^{G\&S}$ Nacken- und Rückenschmerzen, durch 12-stündiges (gerade) Sitzen, Augenprobleme, Kurzsichtigkeit, Hautreizungen durch Chemikalien kein spez. Schutztraining, keine Schutzbekleidung		D^{S} 8-12 Personen /Raum, Von 23:00 – 6:00 darf niemand den Schlafsaal verlassen, Licht muss ausgeschaltet bleiben	
	$E^{G\&S}$ es gibt einen Arzt, aber Medizin u Behandlung muss selbst bezahlt werden; Fabrik hat keine Klimaanlage (trotz hoher Temperaturen), die Arbeiter dürfen die Namen der gefährlichen Chemikalien nicht wissen, mit denen sie arbeiten, es gibt wenig Schutzbekleidung, Schädigung der Atemwege & Hautirritationen	E^{E} schlechte Qualität Freitags gibt es ein kleines Hühnerbein	E^{S} 10-12 Pers./Raum	

Zulieferfirma	Quoten / Bestrafung	Versicherung $A^{TV}\ B^{SV}\ b^V\ (c^{TV})$	Täuschung der Auditoren A^{TT}	Kinderarbeit $A^{TK}\ B^{SK}\ b^K\ (c^{TK})\ C^{TK}$
Yonghong	$A^{TQ\&B}$			
Gloryfaith	$B^{TQ\&B}\ a^{TQ\&B}$	$B^V\ a^V$		a^{TK}
Primax	$a^{ZQ\&B}\ (c^{ZQ\&B})\ C^{TQ\&B}$	C^V		a^{ZK}
Tyco		B^{SV}		
Volex			B^{4T}	
Lite On Electronics	$C^{TQ\&B}$			
Lite On Technology				
Lite On Xuji	$C^{SQ\&B}$			
Compeq	$D^{Q\&B}$	D^V		
Meitai	$E^{Q\&B}$	E^V		
	$A^{TQ\&B}$ nichtbezahlte Überstunden bis Quoten erreicht sind, 4,5RMB in der Woche 5,8RMB am Wochenende de Bestrafung: gerade Sitzen, Pass dabei haben, Uniform sitzt richtig	A^{TV} keine Versicherungen für Migranten	A^{TT} falsche Antworten, Fälschung v. Dokumenten	A^{TK} 200 Kinder (von 2000) jüngstes Kind 14 Jahre alt
	$B^{TQ\&B}$ Abwesenheit bestraft m. 70 RMB, Unterbrechung der Produktion: 10-300 RMB	B^{TV} keine Versicherung		
		B^{SV} Sozialvers. Vorh (mediz. Rentenvers.)		
			B^{4T} wissen früh bescheid, Arbeiter werden gecoacht sie dürfen nicht über Arbeitsstd / Verspätete Lohnzahlung reden	
		B^{SV} keine Versicherungen		B^{SK} müssen 1 u ½ Stunden länger als normal arbeiten, weil sie keine Erfahrung haben (ohne Bezahlung)
	$a^{ZQ\&B}$ 100 RMB Strafe bei Konzentrationsversagen, 70 RMB bei Abwesenheit, 10-500 RMB bei anderem Fehlverhalten	a^{TV} keine Versicherungen		a^{TK} keine Indizien für Kinderarbeit
	$a^{ZQ\&B}$ Bußgelder & Lohnreduzierungen bei Fehlern 100 RMB bei Verlust der Personalkarte			a^{ZK} wie a^{TK}
		b^V keine Versicherungen		b^K Kinderarbeit (200)
		c^V siehe b^V		c^{TK} siehe b^K

Zulieferfirma	Quoten / Bestrafung	Versicherung	Täuschung der Auditoren	Kinderarbeit
	$C^{ZÜKB}$ siehe $a^{ZÜKB}$			C^{2K} siehe a^{2K}
				C^{1K} 08 keine Kinderarbeit mehr
	$C^{ZÜKB}$ Geldbußen u Lohnreduktion	C^{ZV} keine Vers.		
	$C^{3ÜKB}$ Gehaltabzug: Fehler werden mit Punkten bewertet			
	$C^{5ÜKB}$ Drohung, dass sie bei Fehlern ihre Arbeit verlieren			
	$D^{ÜKB}$ Bestrafung, wenn sie unentschuldigt nicht zur Arbeit kommen ? Abzug des Lohnes von 3 Tagen; Kündigung, wenn man bei der Arbeit einschläft, Compeg Regelbuch	D^{V} Versicherung, 79 RMB/M		
	$E^{ÜKB}$ 37 Regeln mit Folge der Kündigung, 53 mit Strafen, 19 mit Verwarnung	E^{V} keine Versicherung		

Legende:

X^{ij}: j-tes Bewertungskriterium, der i-ten Zulieferfirma von Studie X

Studien X:

A: SACOM (Yonghong Electronics), November 2006
B: SACOM (Investigative Report on Labor Conditions of the ICT Industry), November 2006
a: Somo (Hewlett Packard CSR Company Profile), Februar 2007
b: Somo (Acer CSR Company Profile), Februar 2007
c: Somo (Dell CSR Company Profile), Mai 2007
C: SACOM (High Tech no Rights) – follow up Study, Mai 2008
D: WEED/SACOM/PC Global/Procure IT fair (The dark Side of Cyberspace), Dezember 2008
E: The National Labour Committee (High Tech Misery in China), Februar 2009

Zulieferfirma i=1,...,7

89

Bewertungskriterium j:

Aw: Kenntnisse über den CoC oder EICC
G: Vorhandensein von Gewerkschaften
D: Diskriminierung
B: Bewegungsfreiheit
A: Arbeitsverträge
L: Löhne
h: Arbeitsstunden
G&S: Gesundheit und Sicherheit
E: Ernährung
S: Unterkunft
Z: Zwangsarbeit
Q&B: Quoten und Bestrafung
V: Versicherung
T: Täuschung der Auditoren
K: Kinderarbeit

Farben:

X^{ij} – Zustand gut
X^{ij} – Zustand mittelmäßig
X^{ij} – Zustand katastrophal

Literaturverzeichnis

Acer (Hrsg.) (2008): *Acer Incorporated Annual Report 2008.*
http://www.acer-group.com/public/Investor_Relations/pdf/Acer2008AnnualReport.pdf,
Abrufdatum: 17.07.2009.

Andersen Mette / Skovgaard, Rune Gottlieb (2008): *Small Suppliers in Global Supply Chains. How multinational buyers can target small and medium-sized suppliers in their sustainable Supply Chain Management,* A report by Danish Commerce and Companies Agency (Hrsg.), Kopenhagen.
http://www.csrinfo.org/images/stories/publikacjedo2008/small_suppliers_in_global_supply_c hains.pdf, Abrufdatum: 5.07.2009.

Andersen, Mette / Skjoett-Larsen, Tage (2009): *Corporate Social Responsibility in Global Supply Chains,* in: Supply Chain Management: An International Journal, Bd. 14, Nr. 2, S. 75–86.

Arnold, Judith (2008): *High Tech – No Rights? Ausbeutung der Computerbranche,* in: Medienheft, Mai.

Astill, Katherine / Griffith, Matthew (2004): *Clean up your Computer. Working Conditions in the electronics sector.* A campaign by CAFOD (Hrsg.).
http://www.catholiclabor.org/gen-art/cafod-computers.pdf, Abrufdatum: 17.07.2009.

Bendell, Jem (2000): *Talking for Change? Reflections on effective Stakeholder Dialogue.* A paper for new Academy of Business.
http://www.new-academy.ac.uk/publications/keypublications/documents/talkingforchange.pdf, Abrufdatum: 6.07.2009.

Bormann, Sarah / Becker, Florian (2006): *Der Norden im Süden? Chinas Entwicklung zum globalen High-Tech Sweatshop.*
http://www.pcglobal.org/files/Bormann_Becker_Der_Norden_im_Sueden_2006.pdf,
Abrufdatum: 6.07.2009.

Bormann Sarah (2007): *Die Materialität des Cyberspace. Die lange Reise eines Pcs und die Folgen für Arbeit, Umwelt und Entwicklung,* in: Sul Serio. Netzwelten, Bd.12, S. 6 - 9.

Bormann, Sarah / Völpel, Eva (2007): *Corporate Social Responsibility in China: Die Perspektiven von NGOs, Unternehmen und Regierung,* in: Weltwirtschaft, Ökologie und Entwicklung e.v. (WEED e.v.) (Hrsg.), High Tech Sweatshops in China. Arbeitsrechte im internationalem Standortwettbewerb und die Perspektiven von Corporate Social Responsibility, S. 45 – 52.

Bremen, P. / Wang, J. (2008): *Darum prüfe, wer sich mit chinesischen Lieferanten bindet,* in: io new management, Nr. 1-2, S. 22-26.

Bremer, Jennifer / Udovich, John (2001): *Alternatives approaches to supply chain compliance monitoring*, in: Journal of Fashion Marketing and Management, Bd. 5, Nr. 4, S. 333-352.

Bundesvereinigung der Deutschen Arbeitgeberverbände (Hrsg.) (2005): *Internationale Aspekte von Corprorate Social Responsibility (CSR). Praxishinweise für Unternehmen*, Berlin.
http://www.bdaonline.de/www/arbeitgeber.nsf/res/1A99B50636093FACC12574EC00383B4 6/$file/Leitfaden_CSR.pdf, Abrufdatum: 14.07.2009.

Busch, Axel / Dangelmaier Wilhelm (2004): *Integriertes Supply Chain Management, ein koordinationsorientierter Überblick*, in: Busch, A. und Dangelmaier W. (Hrsg.): Integriertes Supply Chain Management, Theorie und Praxis effektiver unternehmensübergreifender Geschäftsprozesse, 2. Auflage, Wiesbaden: Gabler, S. 1-21.

Business Social Compliance Initiative (Hrsg.) (2008): *BSCI Annual Report 2008*, Brüssel.
http://www.bsci-eu.com/index.php?id=2035, Abrufdatum: 5.07.2009.

Butollo, Florian et al. (2008): *System Error. Die Schattenseiten der globalen Computerproduktion*, Broschüre von WEED und PC Global (Hrsg.), Berlin.
http://www2.weed-online.org/uploads/systemerror.pdf, Abrufdatum: 17.07.2009.

Butollo, Florian et al. (2008b): *Wege aus der Dumpingfalle. Der Preiskampf auf dem Computermarkt um die Potentiale des sozial-ökologischen öffentlichen Einkaufs*, Broschüre von WEED, PC Global (Hrsg.), Berlin.
http://www2.weed-online.org/uploads/wege_aus_der_dumpingfalle.pdf, Abrufdatum: 17.07.2009.

Butollo, Florian et al. (2009): *Buy IT Fair. Leitfaden zu Beschaffung von Computern nach sozialen und ökologischen Kriterien.* Publikation von WEED (Hrsg.), Berlin.

Chan, Jenny / Ho, Charles (2008): *The Dark Side of Cyberspace. Inside the Sweatshops of China's Computer Hardware Production*, A Report by WEED (Hrsg.), Berlin.

Chan, Jenny / Peyer, Chantal (2008): *High Tech-No Rights? A One Year follow Up report on Working Conditions in China's Electronic Hardware Sector*, Research Paper by SACOM / Bread for all (Hrsg.), Hong Kong.
http://sacom.hk/wp-content/uploads/2008/07/executive-summary-report-may-2008.pdf, Abrufdatum: 17.07.2009.

Chang, Yoon / Makatsoris, Harris (k.J.): *Supply Chain Modelling Using Simulation*, in: I.J. of Simulation, Bd. 2, Nr. 1, S. 24-30.

Chopra, Sunil / Meindl, Peter (2004): *Supply Chain Management, Strategy, Planning, and Operation*, 2. Auflage, New Jersey: Pearson Education International.

Chow, Wing S. et al. (2008): *Supply Chain Management in the US and Taiwan: An empirical Study*, in: Omega Nr. 36, S. 665-679.

Cox, Andrew (1999): *Power, Value and Supply Chain Management*, in: Supply Chain Management: An International Journal, Bd. 4, Nr. 4, S.167-175.

De Nardo et al. (2008): *Supplier Code of Conduct – Nachhaltiger Wettbewerbsvorteil*, in: io new management, Nr. 1-2, 2008, S. 27-31.

Dell (Hrsg.) (2008a): *Dell Corporate Responsibility Report Fiscal Year 2008.* http://i.dell.com/sites/content/corporate/environment/en/Documents/Dell%20Corporate%20R esponsibility%20Report%202008.pdf, Abrufdatum: 17.07.2009.

Dell (Hrsg.) (2008b, 2009a): Dell Inc. *Annual Report 2008, 2009.* http://i.dell.com/sites/content/corporate/financials/en/Documents/10k-fy08pdf.pdf; http://i.dell.com/sites/content/corporate/secure/en/Documents/FY09_SECForm10K.pdf, Abrufdatum: 17.07.2009.

Dell (2009 b): *Invitation to respond to Business & Human Rights Resource Centre,* Letter from Dell. http://www.reports-and-materials.org/Dell-response-NLC-9-Feb-2009.pdf, Abrufdatum: 17.07.2009.

van Dijk, Michiel / Schipper, Irene (2007a): *Acer. CSR Company Profile*, SOMO (Hrsg.), Amsterdam. http://somo.nl/publications-en/Publication_1961/at_download/fullfile, Abrufdatum: 17.07.2009.

van Dijk, Michiel / Schipper, Irene (2007b): *Dell. CSR Company Profile*, SOMO (Hrsg.), Amsterdam. http://somo.nl/publications-en/Publication_1956/at_download/fullfile, Abrufdatum: 17.07.2009.

van Dijk, Michiel / Schipper, Irene (2007c): *Hewlett Packard. CSR Company Profile*, SOMO (Hrsg.), Amsterdam. http://somo.nl/publications-en/Publication_1943/at_download/fullfile, Abrufdatum: 17.07.2009.

EICC (Hrsg.) (2009) Version 3.0, Verhaltenskodex. http://www.eicc.info/EICC%20CODE.htm, Abrufdatum: 16.07.2009.

Eisenhardt, Kathleen M. (1989): *Building Theories from Case Study Research*, in: Academy of Management Review, Bd. 14. Nr. 4, S. 532 – 550.

Eisenhardt, Kathleen M. / Graebner Melissa E. (2007): *Theory Building from Cases: Opportunities and Challenges*, in: Academy of Management Journal, Bd. 50, Nr. 1, S. 25-32.

FIAS / BSR (Hrsg.) (2007): *Corporate Social Responsibility in China's Information and Communications Technology (ICT) Sector*, o.O. http://www.bsr.org/reports/2007_China-ICT-Report_English.pdf, Abrufdatum: 16.07.2009.

Finkernagel, Lina (2007): *Corporate Social Responsibility – Eine neue Perspektive der Unternehmenskommunikation*, 1. Auflage, Saarbrücken: ADM Verlag Dr. Müller.

Gao, Simon / Zhang, Jane (2006): *Stakeholder Engagement, social Auditing and Corporate Sustainability*, in: Business Process Management Journal, Bd. 12, Nr. 6, S. 722 – 740.

Galbreath, Jeremy (2006): *Corporate Social Responsibility Strategy: Strategic Options, Global Consideration*, in: Corporate Governance, Vol. 6, No. 2, S. 175-187.

GeSI / EICC (2007), *The Information and Communications Technology (ICT) Supplier Self-Assessment Questionnaire*. A publication by UNEP (United Nations Environment Programme (Hrsg.).
http://www.hp.com/hpinfo/globalcitizenship/environment/pdf/ICT_Self-AssessmentQuestionnaire.pdf, Abrufdatum: 14.07.2009.

Ghausi, Nadjya (2002): *Trends in outsourced manufacturing – Reducing Risks and maintaining flexibility when moving to an outsourced model*, in: Assembly Automation, Bd. 22, Nr.1, S. 21-25.

Göbbels, Math / Jonker, Jan (2003), *AA 1000 and SA 8000 compared: a systematic Comparison of contemporary Accountability Standards*, in: Managerial Auditing Journal, Vol. 18, No. 1, S.54-58.

HP (Hrsg.) (2008a): *HP Annual Report 2008.*
http://media.corporate-ir.net/media_files/irol/71/71087/HewlettPackard_2008_AR.pdf, Abrufdatum: 17.07.2009.

HP (Hrsg.) (2008b): *Global Citizenship Customer Report 2008.*
http://www.hp.com/hpinfo/globalcitizenship/gcreport/pdf/fy08_gcr.pdf, Abrufdatum: 17.07.2009.

HP (Hrsg.) (2008c): *Supplier Social and Environmental Responsibility Agreement.*
http://www.hp.com/hpinfo/globalcitizenship/environment/pdf/supagree.pdf, Abrufdatum: 6.07.2009.

HP (Hrsg.) (2009): *Response to National Labor Committee's (NLC) report about labor concerns at the Meitai factory in Dongguan, China,* Letter from HP.
http://www.business-humanrights.org/Documents/HP-response-NLC-10-Feb-2009.pdf, Abrufdatum: 17.07.2009.

ILO (Hrsg.) (2007): *The production of electronic components for the IT industries: Changing labour force requirements in a global economy,* Report for discussion at the Tripartite Meeting on the Production of Electronic Components for the IT Industries: Changing Labour Force Requirements in a Global Economy, Geneva.
http://www.ilo.org/public/english/dialogue/sector/techmeet/tmiti07/report.pdf, Abrufdatum: 17.07.2009.

IÖW GmbH / Future e.V. (Hrsg.) (2007): *Nachhaltigkeitsberichterstattung in Deutschland, Ergebnisse und Trends im Ranking*, Berlin.
http://www.ioew.de/uploads/tx_ukioewdb/Ergebnisbericht_Ranking_2007_final.pdf,
Abrufdatum: 5.07.2009.

Jutterström, Mats (2006): *Corporate Social Responsibility – the supply side of CSR-Standards*, in: Stockholm Center for Organizational Research, No. 2, S. 1-17.

Kernaghan, Charles et al. (2009): *High Tech Misery in China*, Research by The National Labour Committee (Hrsg.).
http://www.nlcnet.org/admin/media/document/China/2009_meitai/HIGHTECH_MISERY_C
HINA_WEB.pdf, Abrufdatum: 17.07.2009.

Kommission der europäischen Gemeinschaften (Hrsg.) (2001): *Grünbuch, europäische Rahmenbedingungen für die soziale Verantwortung der Unternehmen*, Brüssel.
http://eur-lex.europa.eu/LexUriServ/LexUriServ.do?uri=COM:2001:0366:FIN:DE:PDF,
Abrufdatum: 17.07.2009.

Krueger, David A. (2008): *The Ethics of Global Supply Chains in China – Convergences of East and West*, in: Journal of Business Ethics, Nr. 79, S. 113 – 120.

Kusch, Hanna (o.J.): *Die Schattenseiten der IT-Branche – Arbeits- und Umweltrechtsverletzungen bei der Rohstoffförderung über die Produktion bishin zur Verschrottung*,
http://www.pcglobal.org/files/Zettler_Die%20Schattenseite%20der%20IT-Produktion.pdf,
Abrufdatum, 6.07.2009

Lambert, Douglas M. / Cooper, Martha C. (2000): *Issues in Supply Chain Management*, in: Industrial Marketing Management, Nr. 29, S. 65-83.

Loew, Thomas et al. (2004): *Bedeutung der CSR-Diskussion für Nachhaltigkeit und die Anforderungen an Unternehmen*, Berlin.
http://www.ioew.de/uploads/tx_ukioewdb/future-IOEW_CSR-Studie_Kurzfassung.pdf,
Abrufdatum: 17.07.2007.

Loew, Thomas (2005): *CSR in der Supply Chain. Herausforderungen und Ansatzpunkte für Unternehmen*, Berlin.
http://www.4sustainability.org/downloads/Loew_2006_CSR_in_der_Supply-Chain.pdf,
Abrufdatum, 17.07.2007.

Lübcke, Eileen et al. (2007): *Corporate Social Responsibility „Made in China". Eine explorative Studie zur Bedeutung arbeitspolitischer Dimensionen für die gesellschaftliche Verantwortung deutscher und koreanischer multinationaler Konzerne in China*, in: Institut Technik und Bildung, Nr. 60, S.1-133.

McPhee, Wayne / Wheeler, David (2006): *Making the Case for the added-value chain*, in: Strategy and Leadership, Bd. 34, Nr. 4, S. 39-46.

Oury, James (2007): *A Guide to Corporate Social Responsibility*, 1. Auflage, London: Business Information Standards.

o.V. (a) (1997): *The Value Chain. The Original Breakthrough*, in: Management Theory, Nr. 8, S. 7-10.

o.V. (b) (2005): *Hewlett Packard and CSER, Aligning business ethics with Sustainability*, in: Strategic Direction, Bd. 21, Nr. 1, S. 5-8.

Peyer, Chantal / Füri, Céline (2007): *High – Tech No Rights? Kampagne für fair hergestellte Computer*, in: Brot für alle Fastenopfer (Hrsg.), EinBlick, Nr. 1., S. 1-27.

Porter, Michael E. (1989): *Wettbewerbsvorteile (Competitive Advantage), Spitzenleistungen erreichen und behaupten*, Sonderausgabe, Frankfurt: Campus Verlag.

Porter, Michael E. (1991): *Nationale Wettbewerbsvorteile. Erfolgreich konkurrieren auf dem Weltmarkt*, München: Droemer Knaur.

Porter M. / Kramer, M. (2006): *Strategy and Society, The Link between Competitive Advantage and Corporate Social Responsibilty*, in: HBR Spotlight, Harvard Business Review.

Price Waterhouse Coopers (Hrsg.) (2009): *Unternehmerische Verantwortung praktisch umsetzen. Nachhaltigkeitsmanagement*, Broschüre, Frankfurt.

SACOM (Hrsg.) (2006): *Clean Computers Campaign: Report on Labour Rights in the Computer Industry in China. Yonghong Electronics*. Two-series studies of the ICT Industry in South China, Part One.

SACOM (Hrsg.) (2006): *An Investigative Report on Labor Conditions of the ICT Industry: Making Computers in South China*. Two-series studies of the ICT Industry in South China, Part Two.
http://www.fair-computer.ch/cms/fileadmin/user_upload/computer-Kampagne/Laenderstudie_zu_China.pdf, Abrufdatum: 17.07.2009.

SACOM (Hrsg.) (2007): *Dell, the manufacturing of Sweatshop Computers*, Report, S. 1-22.
http://goodelectronics.org/publications-en/Publication_2469/at_download/fullfile, Abrufdatum: 17.07.2009.

Sahinidis, Alexandros / Bouris, John (2008): *Employee Perceived Training effectiveness Relationship to Employee Attitudes*, in: Journal of European Industrial Training, Bd. 32, Nr. 1, S. 63-76.

Seuring, Stefan (2001): *Die Produkt-Kooperations-Matrix im Supply Chain Management*, in: EcoMTex, Nr. 2.
http://www.produktion.uni-oldenburg.de/download/02_Seuring_SCM_Matrix.pdf, Abrufdatum: 17.07.2009.

Seuring, Stefan / Müller, Martin (2008): *From a Literature Review to a conceptual framework for Sustainable Supply Chain Management*, in: Journal of Cleaner Production, Nr. 16, S. 1699 – 1710.

Shipper, Irene / de Haan, Esther (2005): *CSR Issues in the ICT Hardware Manufacturing Sector*, ICT Sector Report SOMO (Hrsg.).
http://www.genderchangers.org/docs/ICT_Sector_Report.pdf, Abrufdatum: 17.07.2009.

Süddeutsche Zeitung (2009): *PC-Markt bricht ein.* Zeitungsartikel vom 16.04.2009.
http://www.sueddeutsche.de/computer/659/465251/text/, Abrufdatum: 17.07.2007.

Theodor, Jennifer (2008): *Made in Sonderwirtschaftszone. Die Schattenseiten der globalen Computerindustrie*, in: Münchner Stadtgespräche, Nr. 51, S. 4-5.

Tsang, Albert (2009): *Dell Specification, Materials restricted for use, Specification Number 6 T198*, Round Rock.
http://i.dell.com/sites/content/corporate/environment/en/Documents/earth-restricted-use-policy.pdf, Abrufdatum: 17.07.2009.

United Nations Economic and Social Commission for Asia and the Pacific (ESCAP)(2005): *Maximizing the Benefits of Corporate Social Responsibility for Small and Medium Sized Enterprises Participating in Regional and Global Supply Chains*, Paper presented at the Expert Group Meeting on SMEs' Participation in Global and Regional Supply Chains, Bangkok.
http://www.unescap.org/tid/publication/indpub2394.pdf, Abrrufdatum: 17.07.2009.

Völpel, E. (2007): *Der Electronic Industry Code of Conduct: zwischen Strategie und Dilemma*, in: WEED e.V. (Hrsg.), High Tech Sweatshops in China. Arbeitsrechte im internationalem Standortwettbewerb und die Perspektiven von Corporate Social Responsibility, S. 8-19.

Wong, Monina (2005): *The ICT hardware Sector in China and Corporate Social Responsibility Issues*, Report by SOMO / Labour Action China (Hrsg.).
http://somo.nl/publications-en/Publication_624/at_download/fullfile, Abrufdatum: 17.07.2009.

Werner, Hartmut (2008): *Supply Chain Management. Grundlagen, Strategien, Instrumente und Controlling*, 3. Auflage, Wiesbaden, Gabler.

Weblinks

http://www.acer.com/ - Acer

http://www.acer-group.com/public/ - Acer Group

http://www.bda-online.de/www/arbeitgeber.nsf/ID/home - BDA

http://www.bsci-eu.com/ - BSCI

http://bsr.org/ - BSR

http://www.business-humanrights.org – Business & Human Rights

http://www.cafod.org.uk/ - CAFOD

http://csr-supplychain.org/ - Portal for Responsible Supply Chain Management

http://csrinfo.org/ - Portal on CSR

http://www.dell.com/ - Dell

http://www.eicc.info/ - EICC

http://eur-lex.europa.eu/ - European Union Law

http://www.fair-computer.ch/ - Kampagne für fair hergestellte Computer

http://www.4sustainability.org/ - Institut 4 Sustainability

http://www.genderchangers.org/ - Genderchangers

http://www.gartner.com/ - Gartner Research

http://goodelectronics.org/ - Good Electronics

http://www.hktdc.com/ - Verified Suppliers & Manufacturers from China & Hong Kong

http://www.hp.com/ - Hewlett Packard

http://www.ilo.org/global/lang--en/index.htm - ILO

http://www.ioew.de/ - IÖW

http://new-academy.ac.uk/ - New Academy of Business

http://www.nlcnet.org/index.php - The National Labour Committee

http://pcglobal.org/ - PC Global

http://sacom.hk/ - SACOM

http://somo.nl/ - SOMO

http://www.unescap.org/ - UNESCAP

http://www.sueddeutsche.de/- Süddeutsche Zeitung online

http://www.verite.org/ - Verité

http://www.weed-online.org/ - WEED

http://en.wikipedia.org/wiki/Main_Page – Wikipedia the free encyclopedia

Sascha Giesche

Interkulturelle Kompetenz als zentraler

Erfolgsfaktor im internationalen

Projektmanagement

Diplomica 2010 / 148 Seiten / 39,50 Euro

ISBN 978-3-8366-9109-3

EAN 9783836691093

In der modernen Wirtschaftswelt hat die Entwicklung von Unternehmen von einem lokalen hin zu einem globalen Kontext eine hohe und weiterhin steigende Bedeutung. Unternehmen sichern ihre Wettbewerbsfähigkeit durch Kooperationen, Fusionen oder Übernahmen sowie der Etablierung in neuen (Auslands-)Märkten. Diese Entwicklungen geschehen zum großen Teil im Rahmen international besetzter Projekte. Vom Erfolg dieser Projekte hängt zudem in entscheidendem Maße der Erfolg dieser Unternehmen und ihrer Weiterentwicklung ab.

Einen zentralen Erfolgsfaktor stellt dabei die interkulturelle Kompetenz der Projektmanager und Projektmitarbeiter dar. Dieses Buch beleuchtet mögliche Probleme im internationalen Projektmanagement und geht im Detail auf dem Bereich der interkulturellen Kompetenz als Erfolgsfaktor ein.

Ein praktischer Bezug wird durch die Darstellung einiger Trainingsangebote des offenen Marktes hergestellt, am Beispiel derer die erarbeiteten Erfolgsfaktoren überprüft werden. Die Untersuchung erfolgt vorrangig anhand im Internet zugänglicher Trainingsunterlagen und bleibt damit für den Leser nachvollziehbar.

Petia Jacobs

Bulgarien als Absatzmarkt für deutsche Lebensmittel-Discounter

Entwicklung einer Markteintrittskonzeption

Diplomica 2010 / 152 Seiten / 49,50 Euro

ISBN 978-3-8366-8768-3

EAN 9783836687683

Der Einzelhandel in Deutschland hat in den letzten Jahren mit besonderen Herausforderungen zu kämpfen. Zunehmende Marktsättigung, stagnierende Reallöhne und die hohe Arbeitslosigkeit sind die ausschlaggebenden Faktoren, welche einen ansteigenden ruinösen Verdrängungswettbewerb verursachen. Diese schwierigen Bedingungen im Heimatmarkt einerseits und die gleichzeitig steigende Attraktivität der geographisch nahe liegenden Auslandsmärkte anderseits haben dazu geführt, dass der deutsche Einzelhandel die Auslandsexpansion massiv vorantreibt. Durch die jüngste EU-Osterweiterung im Jahr 2007 ist auch Bulgarien ein interessanter Absatzmarkt für deutsche Handelsunternehmen geworden.

Die Autorin verfolgt mit ihrer Untersuchung das Ziel einer praxisnahen Konzeption für deutsche Lebensmittel-Discounter beim Markteintritt auf dem bulgarischen Absatzmarkt. In einem Ausblick werden von ihr zudem mögliche Auswirkungen und Veränderungen auf dem bulgarischen Absatzmarkt beleuchtet, welche durch den Markteintritt von deutschen Lebensmittel-Discountern verursacht werden.

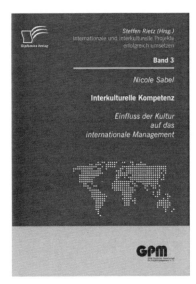

Nicole Sabel

Interkulturelle Kompetenz:

Einfluss der Kultur auf das internationale

Management

Diplomica 2010 / 128 Seiten / 39,50 Euro

ISBN 978-3-8366-9699-9

EAN 9783836696999

Der Umgang mit kulturellen Unterschieden im Arbeitsalltag stellt für Unternehmen längst nicht mehr einen Ausnahmefall dar: Im täglichen Geschäft treffen unterschiedliche Kulturen aufeinander, die sich jeweils durch unterschiedliche Wertvorstellungen, Denk- und Handlungsweisen auszeichnen und unterschiedliche Sprachen sprechen.
In der Vergangenheit haben viele Unternehmen ausländische Märkte fast in der gleichen Art und Weise bearbeitet wie den Heimatmarkt und sind mit dieser Nicht-Beachtung kultureller Gegebenheiten in der Auslandsmarktbearbeitung gescheitert.

In der vorliegenden Studie werden die verschiedenen Facetten des internationalen Managements und der internationalen Marktbearbeitung aufgezeigt. Es wird dargestellt, welchen Einfluss die verschiedenen kulturellen Faktoren wie Religion, Zeitauffassung und Sprache auf die Unternehmens- und Verhandlungsführung haben. Zahlreiche Beispiele demonstrieren, welche Folgen aus fehlerhafter Personalführung, mangelnder Vorbereitung personeller Ressourcen auf einen Auslandseinsatz sowie kulturell bedingten Missverständnissen in der Kommunikation resultieren können.

Anna-Katharina Glahn

Personalentwicklung: Strategien multinationaler Unternehmen

Diplomica 2010 / 92 Seiten / 39,50 Euro

ISBN 978-3-8366-9810-8

EAN 9783836698108

Think global but how to act?

Für multinationale Unternehmen ist es von entscheidender Bedeutung, einen unternehmensweiten Qualitätsstandard der Produkte und Dienstleistungen sicherzustellen. Gleichzeitig dürfen jedoch die externen Rahmenbedingungen der verschiedenen Standorte ebenso wie die zunehmende kulturelle Diversität realer und virtueller Teams nicht vernachlässigt werden.

Anna-Katharina Glahn greift genau diese kulturelle Diversität auf und analysiert diese speziell im beruflichen Kontext. Im Fokus stehen neben der eigenen Kultur zwei weitere aus deutscher Sicht derzeit besonders relevante Kulturkreise: die USA und Ost-Mitteleuropa wie beispielsweise Polen, Ungarn und Tschechien.

Dabei gelingt der Praxisbezug vor allem durch die Verknüpfung theoretischer Erkenntnisse mit den Statements neun interviewter HR-Experten namenhafter Global Player.